アグネ承風社サイエンス　012

小説から読み解く和食文化

～月の裏側の美味しさの秘密～

特定非営利活動法人江戸ソバリエ協会 理事長
ほしひかる

◇いただきます

はじめにお断りしておきますが、筆者は多くの方に支えられ長い間、蕎麦《そば》の勉強会を主宰してきた者です。したがいまして、蕎麦の栄養については一応分かっているつもりですが、蕎麦の美味しさについてはなかなか一概にはいえないところがあります。また少し拡げまして「食べ物の美味しさって、どういうことだろう」ということも思うようになりました。といいましても、筆者は料理が得意なわけでもなく、世界の料理に詳しいわけでもありません。ただ蕎麦界の一隅からそういう目で見ているだけです。

それなのに、ここで「美味しさ」について述べようとしているのは、「美味への扉」は自分が大好きな食べ物（例：蕎麦）から開けてもよいのではないかと思ったからです。

しかし、「美味」ということになりますと、やはり味覚が重要な因子であることはまちがいないでしょう。また触覚・嗅覚・聴覚・視覚などの五官による化学的あるいは物理的な知覚が刺激となっていることもあるでしょう。

表1

栄　養		
舌	味覚	化学的
鼻	嗅覚	化学的
口	触覚	物理的
耳	聴覚	物理的
目	視覚	物理的
大脳	感性	文化的

さらに別の影響もあります。その「別」というのが感性だと思います。わたしたち人間は感覚・感情などをもっています。それを日本人は総じて感性とよんでいます。ただし感性というのは日本独自の言葉であるためか、あまり明確ではないところがあります。五感も感性とする場合もあります。日本人は定義にこだわらず感覚的に言葉を捉えてどんどん汎用していく傾向をもっているようです。

それでも基本は「感性＝感受性・直感」とみてよいと思います。それは「思い浮かべたことや外部の物事を五官を通してつかんだことを直感的に判断・評価する能力」ともいわれています。そしてこの感性をつなぎ目として、理論や倫理や美的認識などの文化的体系を複雑に展開しています。

そこで筆者は、感性が感応して成立する「文学」

を手掛かりとする新たな方法で、文学（小説）の面白さをふくめて、美味への思考を試みることにいたしました。

実際に、こうした類の著書を読んでみますと、そこに描かれていることは、美味しさは食べ物ばかりにあるのではなく、どちらかといえばそれを感じるわたしたちの気持のなかにあるように思えます。そのことは小説の楽しさや奥の深さも手伝っているのかもしれませんが、みなさまはいかがお感じでしょうか。

なお、副題の「月の裏側」は、日本文化を愛したフランスの人類学者クロード・レヴィ＝ストロース（１９０８〜２００９）の著書『月の裏側 日本文化への視覚』から拝借しました。レヴィ＝ストロースは１９７９年ごろの講演で、エジプト、ギリシャ、ローマ以来の旧世界の歴史を「月の、目に見える側」とするなら、日本史、アメリカ史を「月の隠れた側」だと言い、表側のヨーロッパ史と同じくらい、裏側の歴史は重要だと述べています。当時と現在の世界情勢はかなり違いますが、日本史の世界的な役割に注目した彼を支持したいとの思いから、副題にさせていただきました。

また、本稿では七味（甘・鹹・酸・苦・旨・辛・渋）の表現が出てきます。その場合の漢字とひらがな表記は次のよう使い分けました。

たとえば、「旨し」というのは古語大辞典には「客観的な基準に基づいて、価値ありと判断されるようなさま」とあり、また江戸時代の「八百膳」の栗山善四郎は、出汁《だし》を使った椀盛は「旨い」と表現し、「味のちょうど適当な程合い」を「うまい」と分けて言っています。

つきましては、当稿では客観的に味成分が見られる場合を漢字（旨い、甘い…）で表記し、そうでない一般語はひらがな（うまい、あまい…）で表記しています。

ほしひかる

２０２２年10月31日

―目次―

一の膳　美味しさを考える

一　美味《おい》しさを考える「舌学」

美味しさを考える前に、先ずは語源を確認したいと思います。

民俗学者の柳田国男（1875〜1962）や国語学者の大野晋（1919〜2008）によりますと、現代語の「おいしい」という言葉は古語で「イシ・イシイ」といい、「見事だ」とか、「うまい」という意味だったそうです。それに女房言葉の「御」を添えて「食べ物の味の好いことだけに限って「おいしい」という言葉を使うようになったそうです。そして文字では漢字の同じ意味の「美味」を用いて「美味《オイ》シイ」と表記するようになりました。古代の日本人はやまと言葉を使っていましたが、字はもっていませんでした。そこでやまと言葉の、たとえば「て」「め」「みみ」「くち」に合った漢字「手」「目」「耳」「口」を日本の字として利用し、さらに漢字を崩して作ったひらがなとあわせて日本語文を書くようになったのです。

さて、美味しさとなりますと、基本は味覚ということになります。現在、味覚は五味あるいは七味があるといわれています。五味といいますのは、「甘・塩・苦・酸・旨」を指し「基本五味」ともいいます。七味というのは、それに「渋・辛」を加えたものです。分けてある理由は、この二つは味覚というより、刺激によって感じるものだからです。しかし、その食べ物が美味しいというときは、そういう理屈は抜きにして個人的に好きか、嫌いかが先にあるでしょう。パンよりご飯が好きだとか、肉より魚が好きだとか。また猫舌だという人や冷たい物を食べるとお腹をこわすという人。匂いに敏感な人。あるいは酸っぱいのに弱い人、苦いのが苦手な人、渋いのが嫌いな人、辛いのは食べない人もいるでしょうし、同じ辛い物でも、山葵《わさび》は香りが好き、だけど唐辛子は喉にくるから嫌だという人もいます。このように味覚は人によって異なります。だからといって、蓼《たで》食う虫も好き好きのままでは「論」にも、「商売」にもなりません。

ですから、「美味しいとは?」と考えたり、あるていどの傾向をつかまえることが物事の発展につながると思います。現に、大きな傾向は確かにみられます。周りには、匂いや味に鋭い人、並の人、鈍い人がいるでしょう。味覚が通常よりも敏感な人は「スーパーテイスター（Supertaster）」と呼ばれていますが、エール大学のリンダ・バートシュックの調査（1994年）ではアメリカ人の約25%がスーパーテイスターであるとされています。日本人はどうでしょう。おそらく同じぐらいの割合ではないでしょうか。

また一緒に食事をしていて、男性より女性の方が味にうるさい人が多いように思えます。年齢の違いということもあります。ただしそれには二つがあります。

一つは「年代」です。つまり年齢の差は時代の差、分かりやすくいえば、昔の懐かしい味と今の新しい味があります。もう一つは個人の「老若」による味覚力の差です。これはあまり差がないとも聞きますが、そうであったとしても、大きくは未成年と高齢者の好みは明らかに違います。たとえば苦い珈琲などは未体験の子供は嫌がり、慣れた大人は美味しく感じます。それから味蕾《みらい》の数は75歳以上になると減少しますし、味覚と臭覚は密接な関係にありますから、高齢化による臭覚の衰えが味覚に影響することもあるでしょう。

ですから、人間が「若鶏はうまい」とか、「仔羊が好きだ」とか勝手なことを言っていますと、鶏や羊の方だって「若い人間に食べてもらいたい」と思っていると冗談を言う人もいます。そういえば、肉は一般的に雄より雌が柔らかいから美味しいです。

このように老若、雌雄、あるいは旬のことなどを考えていますと、食べる側と食べられる側は、お互い様の関係にあるのかなと思いたくなります。そして、食材というものは地域や風土によって様々です。

魚介類は太平洋と日本海では異なりますし、穀物においても西日本と東日本では日照時間の差から性質などが違ってきます。そのような風土から生まれた食品もまた多様です。日本人にとって欠かせない調味料である味噌・醬油につきましても、九州の味噌は旨味度が高く、名古屋の味噌は塩味度が高いようです。また淡口醬油は塩味度が高く、濃口醬油は旨味度と酸味度が高いのです。よって麺つゆの味は、関西と関東は違います。当然、その地で育った人間の味覚も違ってくるでしょう。

このように個人的な好き嫌いも、実は自分が所属する社会によって大きく規定されているのかもしれません。

そこで、次のような〝グループ〟別の差が日常でも傾向的に見られると思います。


【自分の立つ位置】
＊男性か女性か、
＊大人か子供か、または年代別、
＊昔の味か今の味か、

＊関西人か関東人か、西日本人か東日本人か、
＊山の民か海の民か、
＊太平洋側の人か日本海側の人か、
＊都会の人か地方の人か、
＊日本人か外国人か、
＊アジア人か欧米人か、あるいは…、
＊………、

このように一人の人間の立つ位置は多様です。しかしながら、人々は交流し、移動します。地方出身でも都会で長く生活する人がたくさんいます。よって人間は多様なうえに多層だということがいえます。

そういう人たちや親しい仲間との食事会は楽しいものです。そんなときも美味しかった（好き）とか、そうでもなかったとかを談笑のなかで漏らすことがあります。それはそれでかまわないでしょう。みんなで楽しく食べることが食の楽しみの一つですから。

しかし、食は一期一会《いちごいちえ》の性質をもっています。あの日あの時あの場所で、あの人と食べた美味しかった物を二度と味わえないことがあります。ですから、本当に食に関心をもつ人なら、なぜ美味しかったのかを追究したくなります。

そういう場合は、個人的に「食べ歩きノート」に記録するのもいいでしょう。あるいは仲間ときちんとした「試食会」をやってみるのもいいでしょう。これを筆者は「舌学」と名付けていますが、必ず勉強になると思います。

ただしそういうときは、上記の【自分の位置】を意識して行うことが大事です。もちろん上の位置を明確にできないこともありますので、それはそれで尊重しなければなりません。また「試食会」を行う場合は、人間の多層性も考えなければならないところですが、生まれ育った土地の匂いや記憶はそう簡単に消えないものです。それでも本来の【自分の位置】を重視すべきでしょう。

そのためには、

（1）先ず目的を明らかにして、上記の【自分の立つ位置】のうちの目的に合う項目を適宜に配分する。これは簡単なことです。年代別の美味しさを知りたい場合は、年代別の試食参加者数にすること。地域別の美味しさ具合を知りたい場合は、地域

データ
試食者：男性○名、女性○名、年代別○名、西日本出身者○名、東日本出身者○名

別の試食参加者数にすることなどです。

（2）当然、試食者の数は必ず複数で、そして多ければ多いほどよいのです。こうしたことが無理なら、データに試食者の内訳をおおまかでもかまいませんから明記すべきです。男性何名、女性何名、年代別の数、西日本出身何名、東日本出身何名で行ったことなどを…。そうすることで客観的な傾向が見えてきます。たとえば蕎麦界で試食したとしますと、西日本出身の人は触感のいい蕎麦を美味しいと言ったとか、東日本の人は風味のある蕎麦を美味しいと言ったとか、東京の人は喉の滑りがいい細い江戸蕎麦が好みだったとか、地方の人は噛み応えのある太い田舎蕎麦が好きだったとか、挽き方の具合はどうだったとか、汁はどうだとかをつかむことができるでしょう。こうしたことが必ず美味しさの研究につながります。

話は変わりますが、30万年前に誕生したわたしたち人類は「Homo sapiens」といわれています。「sapient」というのが「賢明な」という意味ですので、「賢明な人↓人類」となったのです。これらの語は、ラテン語の「sapio=味が分かる、分別がある」に由来するそうです。文学者・哲学者のミッシェル・セール（１９３０年〜）も次のように言っています。

「ホモ・サピエンスとは、味に反応する者、味を愛で探求する者のことであり、味の味覚を大切する者のことである。分別や、知性や、知恵によって人間が人間となる以前に、人間が言葉する動物である以前に、人間は味わいの分かる動物であるのだ」。

これは大切なことです。わたしたちも「舌学」を通して、物を分別したり、あるときはそれを越えて事を味わえる、味のある人間になりたいものです。

二　美味しさを考える「実験小説」

1 『素晴らしい食卓』

美味しさを考えようとするとき、われわれに投げかけてくれる小説があります。村田沙耶香（１９７９〜）の『素晴らしい食卓』という小説です。

主人公の夫婦は、通販から取り寄せた「次世代の食事」という料理をしなくて済む宇宙食みたいな物ばかり食べています。妻には妹がいます。妹は中学生のころから「自分の前世は魔界都市で戦う超能力者だ」と言いはじめ、その気になっていました。大人になっても妹は変わりません。そんな妹を周りの人は「面白い子だ」と受け入れてくれているのが、良いのか悪いのか姉は心配しています。ある日のこと、妹から電話がありました。婚約したので彼のご両親に手作りの田舎料理を食べさせてあげるということになったけれど、自分のアパートは狭いから姉さんの家に招きたいというのです。

当日がやって来ました。姉が心配していたとおり妹の田舎料理というのは魔界都市の料理だったのです。たんぽぽの茎を三つ編みにしてみかんジュースで煮込んだものに、真ん中にはたんぽぽの花と丸めた挽肉など…。もちろん彼の両親は手が出ません。心配した姉が親切に、「家にあるものでよかったら」とフリーズドライの野菜でできたキューブとか、真っ青なドレッシングをかけたフルーツパウダーサラダなど比較的無難（？）な宇宙食を並べますが、両親はこれも手が出ません。そして食べ慣れたものを食べたいと言って、何と、蜂や芋虫の甘露煮を食卓に出します…。そんな具合で、食卓の上はもう滅茶苦茶です。

村田沙耶香という人は平気で怖い小説を書く偉い作家です。最初に読んだ『コンビニ人間』はマニュアル社会の将来に不安を感じさせる恐ろしい小説でした。近刊の『生命式』にいたっては、こんな氷のような想像力はどこから生まれるのだろうと感嘆してしまいます。またこの『素晴らしい食卓』も、環境文化が違えば食べ物も違うことを不思議な物語風に語りながら、読者のわたしたちに、この相違をどう乗り越えればいいのかと課題を突きつけているのです。

【環境文化＝美味しさ】

2　『かもめ食堂』

この課題を解こうとするとき、群ようこ（1954〜）の『かもめ食堂』は参考になると思います。

小説の主人公は、北欧フィンランドの首都ヘルシンキで日本食堂を開いたサチエという女性です。食堂では、華やかな盛付じゃなくていい、素朴でもいい。ちゃんとした食事をという考えから、日本食（煮物、焼き物、味噌汁）とフィンランドの軽食を供しています。そのうえ彼女には信念があります。食文化の違うフィンラン

写真１　おにぎり（東京大塚「ぼんご」）

写真２　シナモンロール（東京谷中「大平パン」）

ドの人に、心をこめて握った日本のおにぎりをいつかは食べてもらいたいのです。しかしフィンランドの友だちですら無理して鮭のおにぎりは食べられても、おかかのおにぎりはどうしてもいけません。ましてや海苔《のり》などは紙のようだと思われています。

それになかなかお客さんの来店がありません。そこで思い立ってフィンランドの定番のシナモンロールを焼いたところ、段々とお客さんが来てくれるようになり、おにぎりにも関心をもつ人が出てきました。という風に、明るい兆をむかえたところで小説は終わっています。

冒頭で「実験小説」と述べましたが、この小説には美味しいものは人間共通なのか、あるいは地域の食、その国の食文化とは何かという問題提起があります。

そこで私は、サチエが供している2品を同じ卓に並べて試食してみました。
◇　おかかのおにぎり＝米を炊いたご飯＋醤油・おかか
◇　シナモンロール＝小麦粉を焼いたパン＋砂糖・シナモン
一方はほどよい塩っぱさが心の落ち着きをあたえてくれます。しかしもう一方は甘い砂糖で歯がうずくようでした。という具合に、鹹《かん》味（塩からい味）と甘味という反対の味の食べ物でした。おそらく作者は意識しておにぎりとシナモンロールという相対的な食べ物を設定したのでしょう。私は日本人ですから当然おにぎりの味に日本の風景を感じましたが、フィンランド人ならそれはシナモンロールに故郷を思うのでしょう。

この〔一の膳〕の章では、自分の拠って立つ処を問題にしましたが、この二つの小説でもそれが課題になっています。

喜怒哀楽は世界の人間に共通です。それなら美味しさも共通するのでしょうか。

作者は、その答えを外国におけるサチエの行動に期待しているようです。それはおにぎりかシナモンロールかの二者択一の問題ではないのでしょう。

おそらく、お店とお客が一緒になって抗いながら、美味しさを創り上げていくものなのかもしれません。

【お店×お客＝美味しさ】

二の膳　新・料理の三角錐

一　【料理の三角形】→【料理の四面体】

それは自分の立ち位置との関係が深いということを考えてきましたが、今度は好きか、嫌いか、美味しいか、美味しくないかの対象である「食べ物」や「料理」について見てみたいと思います。

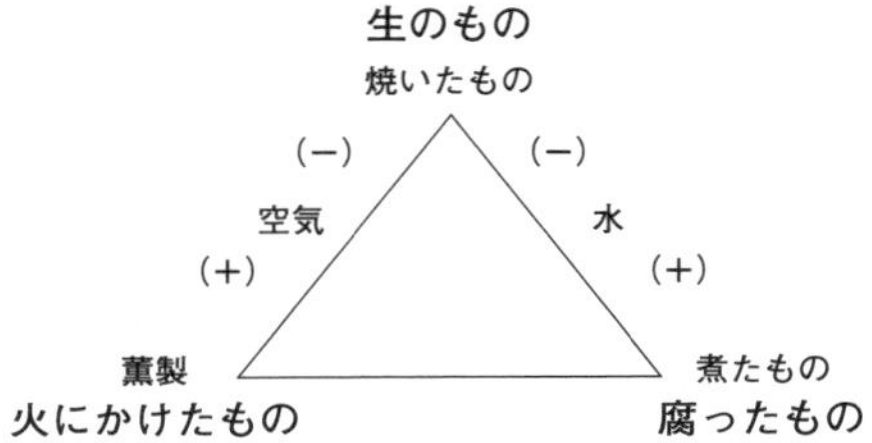

〔クロード・レヴィ＝ストロース『神話の論理　食卓作法の起源』（みすず書房）より〕

図１　料理の三角形

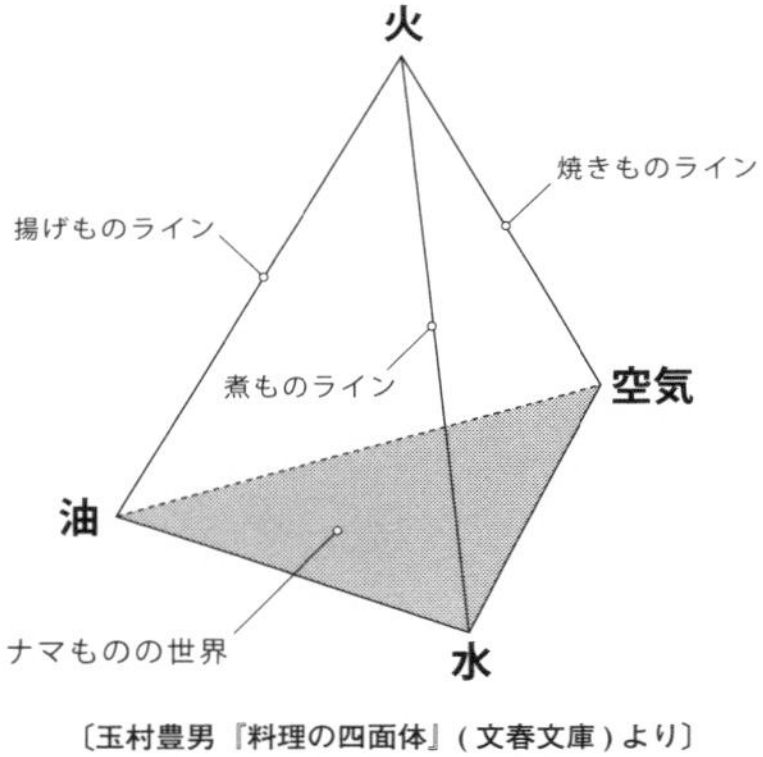

〔玉村豊男『料理の四面体』(文春文庫)より〕

図２　料理の四面体

参考になるのがエッセイストでワインや料理にも造詣の深い玉村豊男（１９４５年〜）が考案した【料理の四面体】の図です。これはもともとクロード・レヴィ＝ストロースが提案した【料理の三角形】

を発展させたものでしょう。

レヴィ＝ストロースは、神話をあつかう人類学者ですが、理解しがたい自然の事象と、人間の世界とを調停する手段が神話であると述べています。そして神話と料理には相同性があるというのです。

わたしたち人間は普遍的活動として、どんな社会でもなにがしかの方法で、食糧のなかの一部を料理します。食糧は自然物です。自然物に何らかの人工的な加工をほどこすのが料理です。その加工様式として、レヴィ＝ストロースは《生のもの》《火にかけたもの》《腐ったもの》と、《焼いたもの》《燻製《くんせい》》《煮たもの》という2重の三角形を提示しました。

そのうえで、次のように二項対立を展開させました。

手を加えないもの：手を加えたもの、

自然：文化、

外料理：内料理、

饗宴：家庭料理、

藪地生活：定着生活、

男性：女性、
破壊：保存、
消費：節約、
貴族的：大衆的、
速い：遅い、
近い：遠い、
死：生命、
…、

これは文化構造分析の出発点として大事なことではありますが、本稿で詳しく追うものではないでしょうし、またそのような能力もありませんから、言及は控えます。

玉村豊男の新たな【料理の四面体】を見ますと《焼く料理》《煮る料理》《揚げる料理》、そして《生の料理》の位置づけが明快です。

海外から帰国したときなどこの図に世界の料理を当てはめますと、旅した国々の料理の特質が分かったような気がします。また料理に興味をもっている人の間では、この図はかなり知られています。

二　【料理の四面体】→【新・料理の三角錐】

この「料理の四面体」はかなり応用できると思います。そこで筆者も知っている料理や食べ物を思いつくまま示してみました。

まず、料理には火＋空気の《焼く料理》、火＋水の《煮る料理》、火＋油の《揚げる料理》の加熱料理と、自然のままの《生の料理》があります。

加熱の原理は、熱は高い方から低い方へ移動し、同じ温度になろうとすることです。熱の伝わり方には、子供時代の理科の時間で習いましたように「伝導」「対流」「放射」の三種類があります。

①　伝導は、焼く、炒める、煎るなどに見られる熱の伝わり方です。

②　対流は、空気（roast）、水蒸気（蒸す）、水（茹でる、煮る）、油（揚げる）などの媒体に熱が伝わることです。

③　放射は、grillや炭火焼きなど赤外線によって熱が伝わることです。

このこと頭に入れながら、次のように主な料理を置いてみます。

1 《焼く料理》＝火＋空気

レヴィ＝ストロースは、人類は《煮る料理》より《焼く料理》が先だったと述べています。ですから先ず《焼く料理》から見たいと思います。これには他に煙を利用することもあります。

（1）焼く：火で焼く料理には、（1）直接焼きと（2）間接焼きがあります。焼き物ともいいます。

・直接焼き：網や串などを用い、放射熱を利用して焼くことです。バーベキューや炭火焼きは放射熱が直接食材に伝えられますので持ち味を活かすのに最適の方法です。海洋国日本では魚料理が多いことから、美味しい焼き方がいろいろ工夫されました。たとえば「焼き魚は強火の遠火」などがその一つです。

・間接焼き：鉄板やオーブンを使って、伝導熱、対流熱、放射熱を利用して焼くことです。

（2）toast：炙る、温めること。現在はスライスした食パンを焼いたものをいいます。

（3）grill：炙焼き網、溝の付いた鉄板・鉄灸などに油を塗って肉などを直火焼することです。

（4）蒲焼き：濃厚な垂れを付けて焼くことです。

なお、蒲焼は「垂れ」、蕎麦切は「つゆ」、天麩羅は「天つゆ」、すき焼きは「割下」といいます。食に関心のある人は間違わないようにしてほしいものです。それに垂れはトロリと光っています。蕎麦つゆは黒く光っています。そこが魅力です。

（5）roast：獣鶏肉をまるごとか、大きな塊をオーブンで焼くことです。

（6）煎る：胡麻・豆など直火焼きできない食品をフライパン、焙烙などの器具を使って間接的に焼くことです。

（7）炒める：熱した鍋または鉄板の上で熱と少量の油によって食品を加熱することです。

（8）燻製smoking：楢や樫などの木屑を燃やした煙に獣・鳥・魚肉・卵・チーズなどを晒して、特有な風味と貯蔵性を与えることです。

2 《煮る料理》＝火＋水

次に水で煮る料理です。煮る料理には水だけで炊く、茹でる料理と、調味料で煮る料理があります。「水だけ」というのは原始的で、「調味料」という手の込んだ物を使うのは文化的な料理といえます。他に水蒸気を利用することもあります。

（1）沸かす：水をお湯にすることです。

（2）湯を利用する料理法

・湯引《ゆびき》：刺身の作り方の一つです。切った身を熱湯に通すことです。鶏の料理にもあります。

・湯通《ゆどおし》：材料を湯にくぐらせることです（比較的短時間をいいます）。

・湯振《ゆぶり》：材料を熱湯に入れて素早く表面だけを加熱することです。

・湯煎《ゆせん》：材料を穏やかに加熱する料理法です。

・湯剥《ゆむき》：材料を湯に通したり、湯をかけたりして食材を調理しやすくします。

（3）茹でるboil：多量の熱水の中で食品を加熱、一般的には茹で汁は料理に利用しません。茹で物ともいいます。

現在、茹で料理で代表的なのは麺類（蕎麦・饂飩・パスタ）などです。日本人の麺食は鎌倉室町時代から始まっています。最近までは茹で物には熱伝導の良いアルミ鍋が望ましいとされてきましたが、ＩＨ（電磁波調理器）の普及によって少し変わろうとしています。

（4）炊飯：適量の水で米を水煮することです。

（5）煮る：水だけの加熱を「茹でる」といい、煮汁のなかに調味料を入れて加熱することを「煮る」といいます。煮物ともいいます。

煮るときは、材料のいらない部分を切り除き、形や大きさを整えて熱伝導を容易にしたりして、調味料の浸透を速め、料理の仕上がりを美しくします。

煮物は、焼く、揚げる、蒸す料理と違いまして、加熱しながら同時に味を付けるという料理法です。ですから煮魚などは少ない煮汁になり、そのために丸底鍋が望ましいです。

（6）吸物：椀物ともいいます。出汁は昆布と鰹節でとった一番出汁を用い、塩と醤油で澄まし仕立てで調味して、椀づゆとします。椀種は季節物を用います。

和食の世界には「椀刺し」という言葉があります。椀物（吸物）と刺身で店の技量が分かるという意味です。吸物には清汁《すましじる》と濁汁《にごりじる》があります。

味噌汁もこれに準じますが、吸物と味噌汁は分けることもあります。
（7）soup：イ）澄んだスープclear soup（ブイヨン、コンソメなど）、ロ）濃いスープcream soup（トウモロコシなど）、ハ）特殊なスープspecial soup（オニオングラタン、ボルシチ、クラムチャウダー、ミネストローネなど）があります。
（8）stew：肉類と野菜類を定温のとろ火で煮込むことです。ブラウンソース、ホワイトソース、トマトソース、カレーソースなどがあります。
（9）蒸す：水を沸騰させ、蒸気熱を利用して食品を加熱すること。蒸し物ともいいます。

3 《揚げる料理》＝火＋油

油という手の込んだ物を使うのは文化的な料理ということになります。
（1）揚げる：油で揚げる料理です。揚げ鍋は平で分厚いものが望ましいです。多量の油（植物性油、動物性油）を高温にして、イ）衣なしで揚げる、ロ）衣を付けて揚げることです。衣は、小麦粉、米粉、片栗粉、蕎麦粉（金ぷら）、海苔（磯辺揚げ）などを使います。揚げ物ともいいます。

・素揚げ：日本の揚げ物の最初は素揚げでした。『松屋会記』（１５５９年）という史料に揚麩が記録されていますので、16世紀半ばごろにはあったようです。
・衣揚げ、唐揚げ：17世紀末期ごろに出てきたといわれています。一般的に低温の油に入れて高温で取り出します。
・天麩羅：魚介類を卵・水・天麩羅衣で揚げたものです。油の量は材料の厚みの３倍のかさが必要です。衣はタネにあまりしっかり密着しないように、サクサクした衣の中に適度の水蒸気が籠もっているくらいがおいしいのです。天麩羅屋は江戸末期に庶民向けの屋台店から始まりましたが、明治期になって高級店化し、美味しさの技術も追求されるようになりました。
・精進揚げ：野菜類を卵、水、天麩羅衣で揚げたものです。
・fry：獣鳥魚介肉を小麦粉、溶き卵・パン粉を付けて油で揚げることです。海老フライ、牡蠣フライ、とんかつなどがあります。

4 《生の料理》＝切る

《生の料理》は切ることと盛付だけです。それだけに切ることが大切で、和食は「割主烹従」つまり切ることが主たる料理で、煮たり焼いたりは次といわれています。といいましても、切る（切る・剥く・刻む）・煮る・焼く・洗う・炊く、みんな同じように大事です。

（1）切る：切ることが大事というのは、食材と用途に合った庖丁の選択、切る姿勢、庖丁の握り方、それに高度な切り方、さらにはいい俎板《まないた》（公孫樹《いちょう》・檜）まで求められます。

切りが大きな役割をもっているということでは蕎麦麺もそうです。「落とし切り」といいまして、麺を美しく仕上げるために素早く軽く切る工夫が生まれました。

また水の国日本では魚の切り方にこだわります。

たとえば白身魚と赤身魚の各々の美味しさを引き出すために「白身は薄く、赤身は厚く」という具合に切り方に工夫を重ねました。加えますと、白身のお造りは淡口醤油、赤身は濃口醤油と使い分けたりすることもあります。また動物の肉は死後硬直を経て軟化してうま味が増しますが、魚肉は硬直中の方が歯切れよく、美味しく食べられます。

（2）洗い：鯉・鯛・鱸《すずき》などを切って、手早く冷水で洗います。ただ洗うだけのことを「洗い」と名付けて日本料理のなかでも重要視したところが凄いと思います。

（3）和《あ》える：魚貝や野菜など下処理した材料に調味液または粘稠性をもつ和え衣を絡ませることです。和物は食べる直前に合わせた方が新鮮さを味わえます。

和物といえば、景行天皇が房総半島を訪れたとき、磐鹿六鴈《いわかむつかり》が、白蛤を膾《なます》にして奉り、その功で膳《かしわで》の姓を賜ったと『日本書紀』にありますが、房総は「沖膾」の発祥の地ですから、重要な記事といえます。また日本史での料理記載は、この蛤の膾が初めてでしょう。言い換えますと切って、和えることが日本史に出てくる最初の料理だともいえます。さらに江戸時代に醤油が発明されますと、酢などで和える物を膾、醤油に付ける物を刺身・造りという具合に別れました。なお、『料理物語』には、「膾は、膳を出す直前に和えるとよい」と要領を記載してあります。

（4）混ぜるmixing：数種の食品または成分を接触させて均一な状態にすることです。

（b）　　　　　　　　（a）

写真３　料理の祖神盤鹿六雁命を祀る高家神社（房総市）（a）と料理上達御守（b）

（5）捏《こ》ねる（練る）：粉末や乾燥材料に水などを加え、物理的力を加えながら適度な硬さを保って混ぜることです。

練る作業は古代から土器作りでなされていましたが、料理界では粉食（麺食）時代が到来した鎌倉室町時代以降から段々本格的になったと思われます。

現在の蕎麦打ちでは、練る作業はしっかりと麺の〝腰〟を出すための重要な過程の一つとなっています。

5　《〇〇〇》＝〇

これまで〈1〉焼く、〈2〉煮る、〈3〉揚げる、〈4〉生の料理を見てきました。しかしもっと他にありそうです。それを仮に〈5〉《〇〇〇》としてみましょう。

（1）干物：魚貝藻類を乾燥させますと、材料に含まれている余分な水分が除かれ、太陽熱や風のために微妙な作用が材料の成分に働いて、新しい味が生まれ、生の時とは別物の旨味のある食べ物になります。

種類には、素干し、煮干し、塩干し、焼干し、調味干しなどがあります。

6000年前の縄文遺跡（宮城県宮戸島）から真河豚の干物のような物が出土しているといいますから、古代からの調理法だったようです。

（2）発酵fermentation：微生物（麹黴、酵母、乳酸菌、酢酸菌、納豆菌）の作用によって、有機化合物が分解して他の化合物になる現象です。

発酵食品として、麹菌（味噌・醤油・味醂・米酢・甘酒・清酒）、酵母菌（清酒・酵母・ビール酵母・ワイン酵母・パン酵母）、乳酸菌（熟鮓、チーズ・ヨーグルト）、酢酸菌（食酢）、納豆菌（糸引き納豆）、塩辛類などがあります。

とくに多核の麹菌〝オリゼ〟は日本独自のものなので「国菌」と呼ばれていて、清酒・味醂・甘酒・味噌・醤油・食酢・熟鮓《なれずし》などの製造に用いられます。

・味噌：麦または米の麹に蒸した大豆・食塩・水を混ぜて発酵・熟成させた物を食べるようにしたのが味噌（米麹・麦麹・大豆麹）です。

・醤油：麦または米の麹に蒸した大豆・食塩・水を混ぜて発酵・熟成させた物いわゆる醤を作り、その液汁を利用した物が醤油です。濃口醤油、淡口醤油・溜醤・再仕込醤油・白醤油などがあります。

・納豆：納豆には大陸伝来の塩納豆と、室町時代に日本で生まれた糸引き納豆があります。

塩納豆：当初は寺院の納所で作られたので「寺納豆」と呼ばれるそうです。蒸した大豆と麹で麹豆を作り、塩水に浸けて発酵させ、乾燥させたもので、黒くて、味噌のような風味がします。

今は味噌に取って代わられたため、大徳寺納豆・一休寺納豆・浜納豆など名物のみが残っています。

辻嘉一（「辻留」）は、根来の朱色の楪子にのせられて黒い塩納豆には色気があり、昼下がり睡気がさしてきた時、一摘まみ口にすると、深い味わいがほどけてくるようだと述べています。

なお「江戸蕎麦」以前の「寺方蕎麦」のつゆは大豆で出汁をとっていたといわれていますが、禅味において大豆が重要だったということからも頷けます。

糸引き納豆：蒸した大豆に納豆菌を作用させて発酵させたものです。糸を引く粘りと風味があります。

菊池寛は小説で「辻留」の辻嘉一はエッセイで、東京には納豆売（糸引納豆）がいたことや、当時の納豆売が哀れだったことを書いていますが、今となってはそうした光景を想像するだけで納豆の滋味が感じられます。

（3）漬物：食品を食塩、醤油・味噌・糠・酒粕・酢などに漬込み、貯蔵性や呈味《ていみ》を与えた食べ物です。

漬物の初見は奈良時代の瓜などの塩漬けでしょう。その後、鎌倉時代に始まった梅干はご飯によく合ったので、日本を代表とする漬物になりました。昔は、梅干を味付けに使っていましたから「塩梅《あんばい》」という言葉まで生まれたほどです。それから高菜漬・広島菜漬・野沢菜漬・白菜漬、その後に清酒の発明によって酒粕漬（奈良漬）や沢庵漬などが人気となり、明治期からさらに種類が増えてきました。

辻嘉一は、沢庵の大名炊き、梅干の大名炊きや衣揚げ、城下鰈の刺身と梅醤油など漬物を材にした多彩な美味料理を紹介しています。

なお、漬物には一部発酵を伴う物もありますが、基本的には漬物は発酵食品には入りません。

（４）出汁《だし》の材料

とくに鰹節と昆布は日本料理の出汁の材料として欠かせない物です。

・鰹節：頭部・内臓を除去して卸した鰹を湯煮し、焙炉に入れて魚肉の周りから炙って乾かすことを繰返して堅く乾燥させ、さらに天日乾燥と黴付けを４～５回繰り返して作ります。これが「本枯節」、黴を使わないのは「荒節」（「花かつお」）といいます。この黴は麹黴ですから発酵食品ですが、和食の中では出汁としての存在が大きいため、この項に入れました。

・昆布：寒流水域である三陸海岸以北の水深10ｍ前後の岩礁に群生しています。昆布は利尻昆布・真昆布・羅臼昆布・日高昆布などがあります。

・炒子《いりこ》（煮干）：雑魚を干した物です。

・干し椎茸：日本特産種の食用茸、椎・楢《なら》・栗・樫の枯れ木に春秋に自生します。干し椎茸にしますと、味、香り、旨味ともに増してきます。

（５）乾物：保存を良くするために水分を少なくした次のような食品です。炒子《いりこ》（煮干し）や干し椎茸も乾物ですが、先に「出汁の材料」に加えました。また魚介類につきましては前述のように「干物」とよばれています。

・高野豆腐（凍豆腐）：豆腐を凍らせた後、乾燥させた物です。

・切干大根：大根を乾燥させた物です。

・干瓢《かんぴょう》：夕顔の果肉の部分を薄く細長く剥いて乾燥させた物です。

・海苔《のり》：浅草の海苔などから作る干海苔のことです。

・鯣《ずるめ》：烏賊《いか》の胴部分を切り開き、内臓、眼球、口球を取り除いて乾燥させた食べ物です。

・寒天：テングサ・エゴノリなどの紅藻類を熱水で処理して粘質物を抽出、これを凝固、凍結乾燥させた物です。

・ひじき：海藻のひじきを煮た後、乾燥させて食品にした物です。

さて、これら「5《〇〇〇》＝〇」群の、干物、発酵食品、漬物、出汁の材料、乾物などをあらためて見ていますと、日本人の食生活に絶対欠かせないものがあることが分かります。それが出汁の材料と味噌・醤油などです。しかもこれらには面白い共通因子があります。それらは焼くとか、あるいは調味料で煮るとか、油で揚

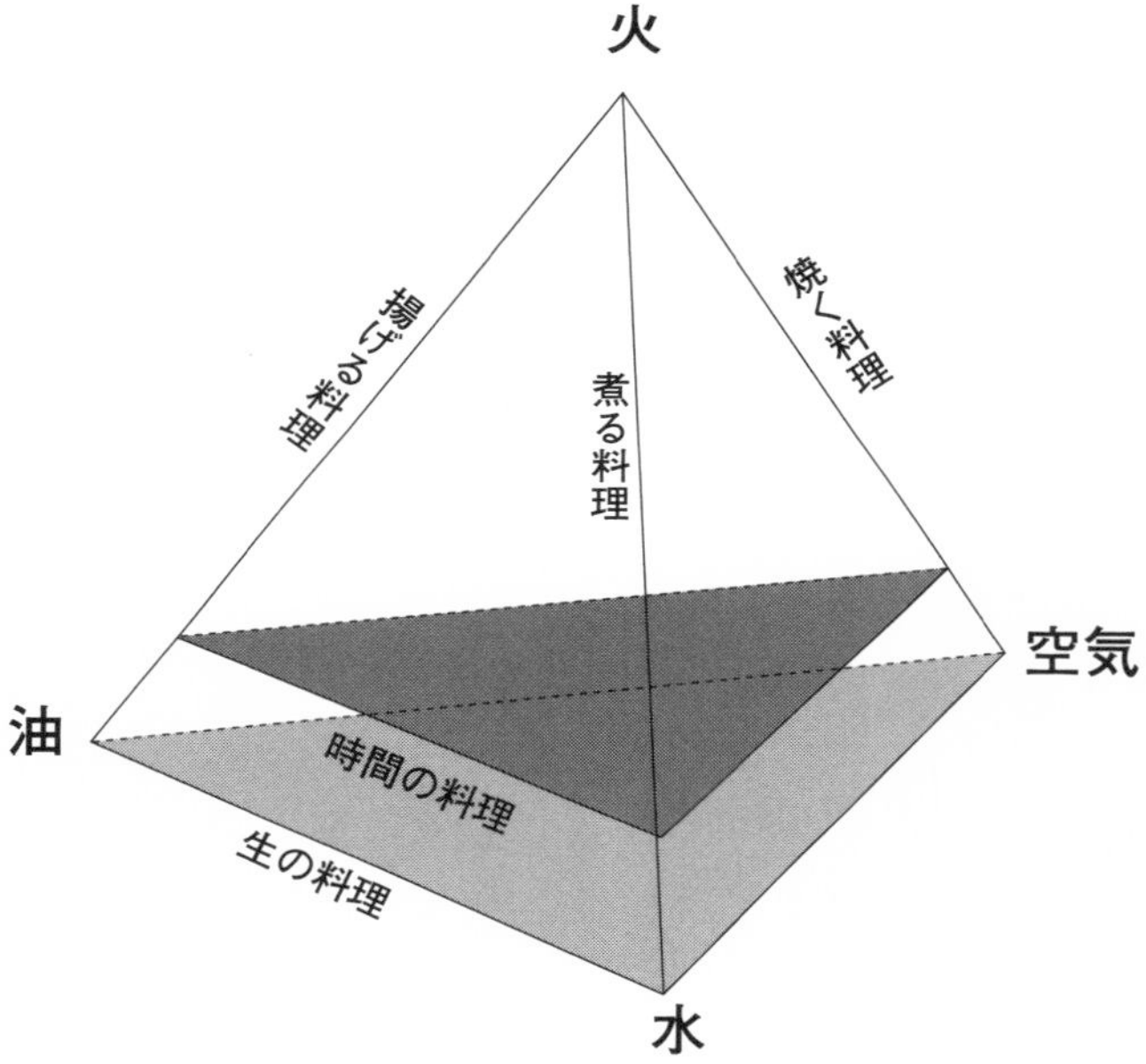

図３　新・料理の三角錐（ほしひかる作）

げるなどの文化手段とは別の、それでいて自然の《生の料理》とは別の第二の自然の物ではないかということです。つまり自然の物に時間（放置）をかけて旨味を引き出しているのです。

言い換えますと「自然と文化」の接合点を示す現象ですので、「5《〇〇〇》＝〇」を「5《時間の料理》＝時間」と名付けました。ただし正確にいいますと、「料理」と「料理した物＝食べ物」が混在しています。たとえば「吸物」を作る（料理）と、「吸物」という食べ物は区別しなければなりませんが、ここでは、あえて「吸物」として一緒に示しました。また「天麩羅」「刺身」「漬物」などの食べ物もそうです。「味噌」「醤油」「海苔」「鰹節」などは食材ですが、日本の料理に欠かせませんので、あえて載せています。そのうえで、三角錐の図にした場合、底辺の「4《生の料理》」の上層に「5《時間の料理》」を設定し、新たに全体を【新・料理の三角錐】の図としたいと思います。

三の膳　美味しい小説——人類郷愁の味

「人間と猿の境界線はどこにあるのか?」(立花隆)

この問いに対して、「火を扱うことができる＝料理をすることができる」というのも解答の一つだと思います。

人間が火を扱うことを知ったのは170万年前ごろの太古だといいます。ですが、太古のことですので、正確なことは分かっていません。最初は山火事など自然の火の利用だったのでしょう。そのうちに自ら発火させることも知ったのですが、その年代も12～13万年前と推測されていますが、やはり明確ではありません。火の利用は特に肉類を食べる時にはとても重要なことです。

人類の狩猟生活は今から10万年前ごろから始まったようです。そして4万5000年前にアフリカからヨーロッパへやって来た狩猟採集の民たちの集団は、狼を家畜化した犬とともに獲物を追い、巨大なマンモスなども槍で仕留めて火で焼いて、肉を仲間とともに切り分け、蛋白質や脂などの栄養を摂っていました。

ですから、レヴィ＝ストロースは、人類は《焼く料理》の方が《煮る料理》より早かったと言っていますが、おそらくそうなのでしょう。いずれにしましても、煮る、焼くという二つ料理には〝人類の郷愁の味〟のようなものがあるようです。

一　焼く料理―ワイルドな味

野外で肉に噛りつく姿はなかなかワイルドです。アメリカインディアンや西部のカウボーイたちが始めたというバーベキュー、モンゴル帝国の遊牧民の馬肉料理が起源だという生肉のタルタルステーキなどワイルドな肉料理として知られていますが、これらは4~5万年前の狩猟民族の原始の記憶から生まれたのでしょうか。

紀元前8世紀末の詩人ホメーロスが書いたとされている『イーリアス』に、トロイア（現在のトルコ北西部、ダータネルス海峡以南）攻めの最中、ギリシャ軍の将校たちが陣屋で豪勢な酒宴を開いているところがあります。

それはこんな場面です。パトロクロスは肉切り台を炉の光の届くところに持ち出させ、そこへ羊と肥え太った山羊の背肉を並べ、その上に太らせた豚の後腰肉の十分に脂が乗ったのを置いて、それをアキレウスが切り割いて十分細かに刻め、焼串にさしました。

一方ではメノイティオスの子が、火を大きく燃やし立て、その火がおおかた燃えつきて焔が衰えかけたとき、さっきの串をかけ渡します。そして五徳から串を取り上げ、聖い塩を肉にふりかけて、十分に焼け上がった肉を木の盆に盛り付けます…。古代戦場ではよく見られる光景だったようです。火というのは人間を興奮させるところがあります。そんな火で肉を焼くと脂の焦げる音と匂いが立ちこめ、喰らいつけば太古そのもののワイルドな美味しさが楽しめます。

【火＋空気＝美味しい料理】

二　煮る料理―日本の風景の味

縄文人は、魚介や山菜類を土器で煮て食べていました。そして弥生時代の直前ごろに稲作を始め、飛鳥時代あたりから米を主食にしてきました。といいましても、米が食べられるのは上層階級の人たちだけで、一般人は雑穀かそれ以下の時代が長く続いていたと思われます。

日本の米食には、古くから「飯」と「粥《かゆ》」と「雑炊《ぞうすい》」がありました。飯は平安時代までは、米を甑で蒸した物を指していましたが、現在は米を適量の水で炊いた物を「めし」または「ごはん」といっています。

一方の粥はもともと水で炊いた物を指していましたが、現在は水分の多い飯のことを「かゆ」といいます。雑炊も水で煮る物ですので、粥と雑炊の違いは何かということになりますと、粥にはもともと塩味を加えていませんでしたが、雑炊は味噌を入れた「鴨雑炊」あたりから始まっています。ですので塩味があるのが雑炊、ないのが粥ということになります。

さて、イネ科の栽培植物の稲、粟、黍《きび》、大麦、トウモロコシなどは、同一植物種のうちで内胚乳に貯蔵するデンプンが粳《うるち》性のものと糯《もち》性のものが在ります。粳性のデンプンはアミロースからなるのに対して、糯性のデンプンは大部分アミロペクチンからなります。粳性と糯性の代表は粳米と糯米です。日本列島には最初に糯米が上陸し、後に粳米が入って来て入れ替わったのではないかと思われています。

現在、粳米は日常に炊いて（煮て）ご飯として食べます。糯米は蒸して餅や赤飯として特別の日に食されますが、糯米はねばねばした触感があります。

ところで、私たちが主食としています「米」という漢字は、「ヨネ」または「コメ」と二つの読み方があります。姓名の場合「米田」「米村」などと、みな「ヨネ…」とよみます。姓名は古くからあるものですから、筆者は「米」の字は古くは「ヨネ」と読み、「コメ」と読むのは新しいのではないかと推測しています。そのうえで仮説として、読み方が変わった時期は「糯米」が「粳米」と入れ替わったころではないかと想像しています。つまり「糯米」を「ヨネ」、「粳米」が「コメ」と言ったのではないかというわけです。こうして「ヨネ」が「コメ」となって炊いた粳米が日常食（ご飯）となったのではないかと思います。そして糯米の方は蒸して特別食（赤飯や餅）となり、やがては古い糯米が伝統文化部門を担うことになったのでしょう。

ところで、粥《かゆ》を食べる光景は作者未詳の説話集『今昔《こんじゃく》物語集』に描かれています。平安前期のころ、「五位」という下級役人が貴族の藤原利仁に、芋粥をご馳走になるという話です。芋粥は切り口三～四寸、長さ五～六尺の山芋の皮を削って小さく切り、それと米を甘葛を煎じた汁で煮たようです。甘葛を煎じた汁で煮るなど再現はなかなか簡単ではないでしょう。いったいどんな味なんでしょうか。下級役人の五位が「ああ、こんなうまい芋粥を、一度でいいから飽きるほど食ってみたいものだ」と言っているのですから、贅沢で美味しいものだったのでしょう。

次に雑炊です。雑炊の光景は、川上弘美（１９５８年～）の『神様』に描かれています。話は若い女の子の絵本のような内容です。

大きなくまさんが同じアパートに引っ越してきたので、そのくまさんと一緒に散歩したり、あるいは友だちのウテナさんから預かった壺をこすったところ、壺の中からコスミスミコさんという若い女性が出てきたりするというお話が続きます。ある日のこと、主人公は大根雑炊みたいなものを作ります。

彼女は、ご飯の包みを電子レンジに入れ、大根を千切りにして沸かした湯に入れます。そして大根が煮えてから、鰹節の粉と味噌を溶き入れ、中に解凍したご飯を入れてから卵を落とします。一煮立ちさせてから火を消し、碗によそいました。彼女はそれを蓮華で掬って口に入れますが、コスミスミコさんがじいっと見ています。

というようなお話です。ただ、主人公は初めから大根雑炊を作ろうとしていたのではないようです。冷蔵庫の中に残っていた僅かな物で大根雑炊でも作ろうかなと思っただけです。失礼になるのかどうかは分かりませんが、前もってこういう物を作ろうというのではなくて、冷蔵庫を開けてから料理を思い付くところは女性特有の長所だと思います。そもそも雑炊というものはそういう具合に余り物で作るものと筆者も思います。特別なごちそうでもなんでもありません。簡単に作れる物、なのに滋味に満ちて美味しいのです。

『神様』にはいろんな食べ物が登場します。チャーハン、ハンバーグ、パスタ、梅干し入りのおむすび…などのお馴染みの料理とか、精進料理から鮭のソテーオランデーズソースかけなども出てきます。それに酒類やコーヒーもです。

しかし数多く出てくる食べ物のなかで主人公が料理したのは、これぐらいです。「大根雑炊なんて、たかが味噌汁のぶっかけ飯じゃないか」と思われるでしょうが、そうです。そこに雑炊の価値があるのです。ですから、羨ましそうに見ていたスミコさんは、「食べる、これ」と言われると、大きく嬉しそうに頷くのです。

なにしろ、この小説には引越蕎麦や葬式饅頭という日本の伝統食が顔を出しています。ご飯が主食の日本人の、そして日本の味覚＝旨味（味噌・鰹節）で作った雑炊は、日本人にとっては美味しさ以上の〝日本の風景を味わう〟ことができるわけです。


次がご飯です。これについては、こんな句があります。

あたたかい　白い飯が在る

まるで映画か演劇台本の、食卓の場面を説明しているト書きのようですが、これはあの種田山頭火（1882～1940）の句です。この句を理解するためには時代背景を知っておく必要があると思います。封建社会が崩壊して明治大正時代になりますと、食事の様式も変わってきました。

これまでは蝋燭《ろうそく》の僅かな灯りをたよりに生活し、食事も家父長を中心にして銘々膳で静かに食べていたのですが、近代になりますと明るい電灯の下、ちゃぶ台を囲んで一家団欒《だんらん》で食事をするようになり、米も昔より普及してきて、平民も眩しい白い飯に手が届くくらいになってきたことをこの句は表現していると思います。民俗学者の柳田国男（1875～1962）も、よく磨かれた米の飯の光は美しく、白は近代の清潔さを表していると言っています。

しかしその後の日本は軍国主義に走り、男たちは出兵し、妻たちは老いた両親とたくさんの子供たちを守る役を強いられますが、言葉を換えますと、台所やちゃぶ台を仕切るのは「母」になったのです。このことがいわゆる「おふくろの味」を生み出す土壌となったのだと思います。

もともと料理の世界は男の範囲でした。

その料理は、先に述べましたように、平安時代の宮廷の正式料理「大饗料理」は、生物・干物・唐菓子・木菓子などが並んでいるだけでした。次の室町時代の庖丁式も流儀に則って切った物が並んでいました。

しかし正式な料理は男のものでしたが、普段の料理は段々女性の手に移っていきます。それによって《切る料理》より《煮る料理》が増えていきます。ご飯が温かく、柔らかくなっていったのも「料理の女性化の兆候」と柳田国男は見ています。温かく、柔らかくするために女性は火を使って煮ることを始めました。そうしますと、水は湯に、米は飯に、生の物は温かくて美味しい物になっていきます。女性たちは縄文土偶の時代から有用な物を産み出す力をもっていたのではないのでしょうか。

ところが、過日たまたまテレビドラマで「おふくろの味」というのは封建的な考え方だと非難している場面を目にしました。たしかにそういう面もあるかもしれませんが、戦争という忌まわしい時代に「おふくろの味」をふくめた母の存在があったのはせめてもの救いだったのではと思ったりします。

余談はこのくらいにして、戦後、再び国民は白い飯に憧れるようになりました。

白は清潔さに加えて戦後の平和を表したのです。ただし、これまでも述べましたように、米を主食としてきた日本ですが、江戸時代の江戸などの都市部は別として、実質的に日本全土で米を主食として食べられるようになったのは、実は１９３０年代からです。

そして料理が女性の手に移ってからは、柔らかく粘りのある白いご飯が美味しいということになり、高度成長期ごろから生産地もそういう米ができる日照時間の短い東日本へと移っていったのではないかといわれています。

そうしますと、「私がこの世でいちばん好きな場所は台所だと思う」で始まっています。吉本ばなな（１９６４年〜）の『キッチン』の感覚にも納得がいきます。

主人公の桜井みかげの両親は早くに亡くなったので祖父母の田辺家に引き取られて育ちますが、その祖父母も相次いで死んでしまいます。ですから引っ越さなければならないと思っていたとき、遠縁の田辺雄一が、母と相談したんだけれど、住む所がなかったらしばらくうちに来ませんかと言ってくれます。そこで彼女はこの家にやって来るのですが、作ってあげたのが玉子粥なのです。

川上弘美の雑炊と吉本ばななの玉子粥、ともに温かくて柔らかいものです。やはり女性と男性の美味基準は違うのだなと思います。

【火＋水＝美味しい料理】

三　時間の料理―自然＋時間

先に《時間の料理》を設定しましたので、その範疇《はんちゅう》での小説に注目してみました。

1　発酵の小説『にぎやかな天地』

発酵食品は世界中に存在します。なかでも日本は、発酵に適した気候（気温、湿度）に恵まれて、世界でも有数の発酵大国だといわれています。

日本の発酵食品の特徴は麹を用いた発酵です。「麹」というのは、蒸した米・麦・大豆などの穀物に麹菌という微生物を繁殖させてできた加工品です。そうしてできた味噌・醤油・酒・酢・味醂《みりん》などが〝日本の味〟となっているのです。こうした日本の発酵を材にして書いた小説があります。宮本輝（１９４７年〜）に『にぎやかな天地』といいますが、筆者はこれぞ「発酵小説」と位置づけています。

主人公は淡々と前向きに仕事を進めているのですが、何ら事件らしきことも起こりません。「それなら読物としてあまり面白くないのでは？」と思われるでしょう。ところが読めば、深さがじわっと感じてくる素晴らしい小説です。主人公は豪華限定本を制作するフリーの編集者で船木聖司といいます。母親も姉も美人でいい性格の持ち主、本人も親思いの好青年です。

この小説にはこういう人物ばかりが出てきますが、実は皆さん訳ありの人たちなのです。ただし本人ではなく、その人が背負っている因果のようなものが「訳あり」なのです。その先代の因果が次の代に生きているわけですから、発酵的だと思うのです。具体的に言いますと、聖司には父親がいません。母のお腹にいるころ事故で亡くなったのですが、見方によれば殺されたも同然だったのです。

そのとき、彼の父は仕事の約束があったので急ぎ足でした。背後に「ひったくり！」の声が聞こえましたが、自分とは関係ありませんから急ぎました。そこへ善意の男性が父を犯人だと思って飛びかかってきて、もみ合っているうちに運悪く交通事故に巻き込まれて亡くなってしまいました。身重の母親はショックだったのでしょう、赤児を産んでも母乳が出ません。そこで祖母が知恵と工夫を重ね、「スイスのエメンタール・チーズ（1）＋おも湯（10）」を作って、飲ませて育ててくれました。発酵食品のチーズが乳代わりになったわけです。

祖母は、聖司が社会人になってしばらくして亡くなりますが、今際の際に聖司の手を取りながら「ヒコイチ」と呟いて息を引き取ります。ヒコイチって、何だろう？祖母は自分をヒコイチという人と間違ったのだろうか？　そういえば、なぜエメンタール・チーズだったのだろう、「チーズの王様」とまでよばれている高級チーズをあの祖母がどうして知っていたのだろうか？　聖司には次々と謎がわいてきます。

仕事の方では、聖司は発酵食品の本の制作を依頼されます。

依頼主は「発酵菌を知らなかった大昔から、人類はこんな素晴らしい発酵食品を作り続けていた。最近の子供たちが、昔はなかったアレルギーや病に罹るのは有益な微生物との付き合いが減ったため」というような思いから、素晴らしい奇跡のような発酵食品の本を作ってほしいというのでした。

聖司は喜んで引き受け、自分でも祖母が遺した糠漬桶《ぬかづけおけ》を利用して糠漬を始めます。そしてカメラマンと一緒に、熟鮓《なれずし》（鮒鮓・秋刀魚の熟鮓・鰯《いわし》の酢漬・蕪鮓《かぶらす》）、醤油、鰹節、食酢の取材で全国を巡っているうちに、仕事の手抜きをしない職人たちに敬意をいだくようになります。それにもまして鮒鮓の独特の匂い＝香味にますます魅せられ、また一個の生物が死によって別の活動を開始し、その《時間》に委ねた結果、本来以上の旨味とか香味とか酷《こく》とかを得ることに感動していきます。

これらの発酵食品と同じように、聖司の運命もふつふつと発酵が始まります。祖母は事情があって一度嫁いだ経験があったようです。そして先夫との間にも男子がいたことが判明しました。聖司の母にとっては異父兄にあたります。その人が「彦市」という名前の人で、何と聖司の家の近所でパン屋をやっていたのです。

その店は優良なチーズも扱っていました。だからエメンタール・チーズだったのです。聖司はそのチーズのおかげで育ったということを知ります。まさにチーズの子というわけです。

そこへ母が重大な話を打ち明けました。実は父を誤って死に追いやった人から父の事故死以来、送金が30年以上も続いていたこと、しかもその人はつい最近亡くなられたことなどを聞かされました。聖司は感謝の墓参りをするために家を訪ねます。遺族の話では「これであの家族は許してくれるだろうか」と言い遺して亡くなったというのです。その人には爽やかな感じのする娘がいました。小説は、その娘の登場によって新しい息吹（発酵）を予感させるところで終わっています。

また主人公は手間のかかる稀少本の制作をしている自分の仕事と発酵食品が似ていることに気づきます。この点が、食も文学も均一化に抗わなければならないとする筆者の方向と一致しているわけですが、その抗いの鍵が〝手間〟と〝時間〟をかけるということだと思います。

ついでに加えておきますが、主人公の仕事仲間のカメラマンが京都の鰊《にしん》蕎麦が大好きだとか、福井武生の蕎麦が出てくるところが、蕎麦ファンとしては嬉しいところです。

【時間→旨味・酷・香味】

2　鰹節の小説『男に生まれて』

鰹節の香りは強烈です。出汁を代表するかのように自信たっぷりです。その鰹節の会社の一つである「にんべん」の八代目（現社長は十三代目）が活躍する小説があります。荒俣　宏（１９４７年〜）の『男に生まれて』です。

小説の舞台は幕末、江戸（東）：京大坂（西）、幕軍：官軍、町人：薩長、都市：

田舎の戦雲が渦巻いているときです。歴史というのは、現代人はその行末を知っていますが、渦中にある当時の人たちにはまったく見えません。

にんべん、山本海苔・大和田屋・山本山・榮太樓・三井越後屋（現：三越）などの日本橋の商人たちや、小栗上野介・山岡鉄舟・勝海舟・西郷隆盛・益満休之助らが登場し、敵になったり、味方になったりしますが、日本橋の商人たちは決して揺らぎません。

終章は、1868年3月の史上有名な勝対西郷の会見です。二者会見が失敗に終われば、江戸っ子たちは自ら江戸を火の海にする覚悟をもっていました。「日本橋の心意気」が踏みにじられるくらいなら命を捨ててもかまわないというのですから、読んでいて気持がいいくらいです。ですから題名が『男に生まれて』となっているのでしょう。

さて、鰹節ですが、鰹節（荒節）は当時、艀《はしけ》で江戸に輸送されていました。荷は菰《こも》に巻いて積み上げられていますから、海水を被って陽に蒸され、江戸に着くころには表面にびっしり黴《かび》が付いていました。当初はそれを不良品として廃棄していましたが、なかには良い黴が付いた鰹節がありました。身が石のように硬くなって保存が利き、旨味が凝縮されているのです。黴が水分を吸ってくれたため、滋養を凝縮してくれていることが分かりました。こうした発見から江戸日本橋の鰹節問屋と伊豆田子村の人たちの間で黴付け技術がさらに発達していって、やがて「本枯節」の名が付いて、日本の出汁は旨味があってすっきりしていている出汁へと一変していったのです。そしてこの枯節に銚子や野田の濃口醤油が加わって江戸蕎麦、江戸前天麩羅のつゆが産み出されました。いえば出汁とつゆは江戸の発明品なのです。

筆者は「にんべん」の方から、「にんべん」三代目の高津伊兵衛（1714〜78年）の日記『三代日記』の一部を見せていただいたことがあります。それには1744年に近江屋というところから「蕎麦台物」が贈られたり、1752年には遠州屋平兵衛という人に蕎麦饗を受けたりしていることが記録されていました。つまり上層の商人たちの間では贅沢な蕎麦振舞いがあったことがうかがえます。それも枯節の発明があったからです。

小説のなかでも「本枯節は、薩摩の田舎かつぶしとは味が違うんだ」という啖呵《たんか》が出てきますが、江戸の商人たちは自分たちが創り上げた江戸の味を誇りとしていました。並んで、「箱根のお山を越えても湿気ねえぱりぱりの海苔」とか、「新鮮で脂の乗った鮪の造りを江戸の新しい名物に」という台詞も出てきますが、みな同じく、西の京坂への対抗意識をバネにして東の都を創り上げたという誇りが言わせています。作者は、その力の素を「にんべん」三代目の遺訓にも等しい言葉「火難は幸せの元と心得よ（＝困難にぶつかった時こそ、何かを考えつく好機）」にあるとして話を展開させています。

つまり「にんべん」八代目はじめ日本橋の商人たちは、火難を乗り切って〝江戸の味〟を作り上げていったのです。

そして「旨味」という第五の味覚が世界に認められるようになった今日、次の難として世界を相手に乗り切ろうというのが、「旨味」ひいては和食の現在だということです。

【対抗意識→江戸の味覚】

3　醤油瓶の小説『コンプラ醤油瓶』

浪漫が詰まった醤油瓶があります。それは井伏鱒二（1898～1993年）の『コンプラ醤油瓶』という作品に出てきます。井伏は友人と長崎に行ったとき、長崎奉行所址から出土したコンプラ醤油瓶をもらいました。このコンプラ醤油というのは江戸後期にコンプラ社がヨーロッパ向けに輸出していた醤油のことで、瓶は波佐見焼製です。

井伏は、「徳富蘆花の紀行文によると、トルストイはこれを一輪差にしている」と述べて、そのことについてこう続けています。嘉永2年、長崎に来航したプチャーチン提督の秘書として随行したゴンチャロフはコンプラ醤油を土産にもらい、それをトルストイに上げたとしても不思議ではない、と。しかし残念ながら蘆花の紀行文を読んでも「コンプラ醤油瓶」のことは見当たりません。

どうもこの作品は井伏流の浪漫エッセイだったようです。それなのに、世間ではトルストイのコンプラ醤油瓶は事実のように流布してしまっています。かくいう私も、これを読んでから井伏鱒二の浪漫が感染してしまい、写真4に示したコンプラ醤油瓶に一種の憧れをもってしまいました。

そんなある日、神保町の古本屋にコンプラ醤油瓶が飾ってあったのです。私は店に入ってお値段を訊いてみました。すると7万円だと言われました。私は骨董品が嫌いではありませんが、骨董趣味というほどではありません。また私は焼物王国佐賀出身ですので、失礼ながら郷土の偏愛から申し上げれば、波佐見焼《はさみやき》は雑器用を得意としていたと見ていましたので見送りました。その後もたまに骨董屋などで見かけるのですが、その度に段々高くなっていて、あるときは15~20万になっていました。驚きのお値段であって、もはや私には手が出ません。1000字にも満たない短文だというのに、「井伏鱒二」の威力なのだろうかと驚き、感心していました。

　しばらくして、たまたまだったのですが、料理研究家の冬木れい先生が長崎のチョーコー醤油の東京支社の方をご紹介してくれました。実は、このチョーコー醤油という会社は最近「コンプラ醤油」を復刻していたのです。

　これも何かのご縁と思って、さっそくお願いして復刻版を購入しました。そのお味は？九州の醤油の味がベースですが、日本全土、あるい

写真４　コンプラ醤油瓶

は世界にも通用しそうな味でした。美食家であるルイ14世が「醤油」を好み、宮廷料理の隠し味として愛用したという言い伝えも分かるような気がしました。

これで私の中の「コンプラ醤油瓶」は十数年かけて完結したわけですが、味覚のひとつに浪漫の味もあるということを知りました。

【食品＋浪漫→美味】

4　醤油の小説『澪《みお》つくし』

ＮＨＫの朝の連続テレビ小説は人気番組です。『澪つくし』という番組（昭和60年放映）もそうでした。脚本をジェームス三木（１９３４年〜）が担当した、銚子の醤油醸造一家の話でした。

銚子は漁業と醤油の町です。ともに江戸の昔、紀州からやって来た人たちが発展させました。特に醤油は、冬温かく夏涼しくしかも湿度の高い当地が、醸造に適していたばかりか、原料として必要な塩と穀倉地帯をもち、かつ一大消費地の江戸が目の前に待っていました。

関東の醤油は伝統に縛られず工夫をこらして塩味を濃くし、大麦を小麦に変えて風味を加え、関東濃口醤油として誕生し、大きく育っていったのです。このドラマも、関東醤油醸造の老舗である創業280年の「入兆」の大正末期から第二次大戦後にまでの物語です。

一家は、十一代目を筆頭に、本妻と、その長女律子、妾の子の次女かをるという。本妻の子の長男英一郎です。英一郎は人はいいけど、存在感のない凡庸な男です。

しかし二人の姉は、性格は違いますが、学業は優秀です。長女律子も主人公の次女かをるも、「新しい女」として相手を認め合っています。律子は社会変革を志す革命的な男に惚れるという「新しすぎる女」でした。もう少し後の世でしたら第一線で活躍できたのでしょうが、昭和前期の軍国主義下ではかないません。不幸な道を辿ることになります。

かをるの方は、何が新しいかといいますと、当時としては珍しく女性でありながら仕事（醤油や経営）に関心をもちはじめます。毎日、何気なく使っている醤油、これを可愛らしいと思い始めるのです。大豆と小麦を混ぜ合わせ、ほんの一つまみの麹を加えて寝かせておくだけで、諸味となって発酵し、素晴らしい色と香りと味をもつ醤油に変貌していく。魔法のような生命の営み、不思議さにかをるは愛おしくなっていきます。これは彼女の性格からくるものでしょう。

かをるはいつも現実を直視して誠心誠意対処するのです。ですから家業に関心をもつのですが、こうしたかをるに、「入兆」の十一代目は経営に携わってほしいと願います。しかし当のかをるには野心はありません。女学生のときの初恋を貫くために家を出ます。しかし嫁いだ相手の漁師は運悪く嵐に遭って船が難破し、行方不明となって死亡したものと見なされます。一周忌が巡ってきたころ、かをるは十一代目に乞われて実家に戻り、昔からかをるを好いていた番頭と再婚します。こうして入兆は二人が船頭となって進めていくことになるのですが、日本は戦争の泥沼の中にはまり込んでいきます。その最中、かをるは再婚した夫と父を亡くし、醤油工場も爆撃を受けます。

そして日本の敗戦となりますが、そこへ弟の英一郎が義足姿で生還します。英一郎は、外国へ行って世界的に視野を広めたのでしょうか、それとも生死を乗り越えたからでしょうか、以前の英一郎ではありません。見ちがえるようにたくましくなっていました。

「姉さん、僕は中国大陸からマレー半島に転進して、いろんな調味料を試してみたけど、やっぱり醤油が一番やった。醤油の素晴らしさを改めて悟ったよ。醤油は魚だけじゃなく、肉にも合うんや、それを外国人にも教えてやりたい。日本人だけが使うのはもったいない。」

こうして英一郎は世界醤油造りに邁進し、創業300年の年に十二代目を襲名するのですが、この小説は戦後日本の復興と軌を一にしているところが好感をもてます。また、日本の醤油は現在、世界100ケ国以上で販売されていますが、先のコンプラ醤油瓶の話はその予兆だったのでしょうか。

【関東濃口醤油→世界醤油】

5　味噌汁の小説『女と味噌汁』

美味しい味噌汁には憧れます。それを作れるという女性が主人公の小説があります。平岩弓枝（1932年～）の『女と味噌汁』といいます。

時代は昭和40年ごろ、主人公は新宿弁天池花柳界《かりゅうかい》の芸者てまり姐さん、本名：千佳子25歳といいます。筆者より少し上ぐらいの年齢でしょうか。平岩弓枝は時代を描く作家だと思います。たとえば彼女の『肝った玉かあさん』を読みますと、大正・

昭和の東京の大衆蕎麦屋の情景がよく見えてきます。本小説の舞台である昭和40年代というのはどうだったかといいますと、政治は佐藤・田中内閣の時代。昭和40年にベトナム戦争が始まり、昭和46年には沖縄が日本に返還されました。日本人が大いに自信をもっていたころです。食の世界では昭和50年ごろの日本食は人間にとって理想の食事だったと、後になって世界から認められています。

しかし、それもロッキード事件後から日本はすっかり調子が狂ってきました。それまでも日本は「近代化」という錦の御旗を掲げることによって「日本的共同体」というものを否定してきましたが、ロッキード以降はさらに拍車がかかり日本的共同体組織は完全に崩壊してしまい、一時は「アメリカ合衆国の日本州」とまで非難されることがありました。そんなころ、てまり姐さんが作る味噌汁やご飯、焼き魚は誰もが美味しいと評判が立っていました。

一夜かぎりのある愛の朝、てまり姐さんは男のために朝食を用意することもありました。

「熱いうちにあがってちょうだい」

ぷんと香ばしい味噌汁の匂い、薬味には刻み葱。男は「旨い」と言って、味噌汁を三杯おかわりします。それから飲んだ緑茶の新鮮な香りが身体のすみずみにしみわたります。ところが数日後、男の奥さんが夫との浮気を糾弾にやって来ます。てまり姐さんは、「自分の亭主が他の女のアパートに泊まって、熱い味噌汁食べて、こんなうまい味噌汁食べたことないなんて言わせておいてさ、あんた、恥ずかしくないの」とやり返し、二人の女は言い合いをします。が、その末に「奥さんもしっかり妻の座を守ってくださいね」と、まるで年上の姉さんのような口調になって、二人はサッパリと別れるのです。

もしかしたら、男にとって都合のよすぎる小説ではないかと思われる節もあるかもしれませんが、何しろ書き手が女性の作家ですから、妙な説得力があります。

そんな、てまり姐さんには夢がありました。芸者をやめて、おばあさんに教えてもらった料理—美味しい味噌汁と美味しい漬物、丸干しの焼いたもの、きんぴら牛蒡—を出せる店をやりたい。しかし開店資金がありません。そこで思いついたのが、ライトバンの味噌汁屋、芸者の仕事が終わってから夜中の商いを始めたのです。

その間も、別居中の弁護士、妻に先立たれた医師、幼な馴染みの男たちがてまり姐さんのことを本気で好きになります。それは彼女が作る味噌汁のせいもあったたかもしれませんが、人間ととして誠心誠意で向き合うからでした。

男たちは千佳子（てまり姐さん）と結婚してもいいと思います。しかし世間はそれを許しません。なぜなら千佳子は芸者だった母―今はカタカナで「シングル・マザー」とよびます―が産んだ私生児、また当時は芸者と、一般女性との間には見えない深い溝があったのです。だから男たちは結婚に至らなかったことは残念でも、世間的には多少ホッとしているところもあったかもしれません。

もちろん現在は、こういう差別はありません。先に述べました日本的共同体の崩壊には、悪い崩壊と良い崩壊があります。悪い崩壊は共同体組織そのものの崩壊です。郷土、学校、会社への忠誠心や熱い思いが「封建的」と断じられましたが、日本的共同体を支えていた女性差別がなくなっていったところは良い崩壊といえるのではないでしょうか。

そういえば、てまり姐さんが作る味噌汁は美味しいといいながら、平岩はその作り方にはふれていません。ただ、（1）おばあさんに教えてもらったということと、（2）「私は日本食党よ」という千佳子の台詞だけですが、それで充分なんでしょう。おばあさんの言うとおりにやって、おばあさんと一緒に食べていたら、日本食が大好きになって、しぜんと手が動くようになったということです。これは大事です。この日本の伝統的食育法こそが美味しさの伝授だと思います。

【伝統的食育法→美味しさ】

6　もう一つの味噌汁小説『インザ・ミソスープ』

重く、困惑する小説があります。村上龍（1952〜）の『インザ・ミソスープ』といいます。

何が重いかといいますと、主人公は外国人観光客相手に夜の性風俗のアテンドをしているケンジという20才の若者です。そこへアメリカ人のフランクという30才の男が仕事を依頼してきますが、しかし彼は精神が異常な殺人鬼…。そんな二人の捻れた友情話ですから、恐ろしくて読む気がしません。ですからそちらの方の話にはあまりふれません。

ただ一方では、本の題名が『インザ・ミソスープ』といいますから、どうしても気になります。ということから読んでいきますと、フランクは「味噌汁」や「年越蕎麦」や「除夜の鐘」という日本文化に憧れているというのです。これが困惑の第一歩でした。

彼が日本にやって来たのは、コロラド州の小さな寿司バーで興味深い変なスープ（ミソスープ）と出会ったのがきっかけでした。それは色が奇妙なブラウンで、匂いは人間の汗のよう、そのくせどこか妙に洗練されていて上品だったというのです。彼は、こういうスープを日常的に飲んでいるのはどんな人々なんだろうと思って日本にやって来たのです。

味噌ですから色はブラウン。また発酵物の匂いというのは慣れない人は非常に嫌なものです。とくに欧米人にとってアジアの異文化の匂いは臭いと感じたのでしょう。ただ「妙に洗練されていて上品」だとも言っているところがミソだと思います。これが和食、あるいは旨味に対する直感なのでしょう。言い得て妙だと思います。

味噌汁に必要な出汁について、和食文化国民会議会長の伏木亨（1953年〜）は「和食にとってなくてはならない出汁は、奥ゆかしく主張は控えている。けれど揺るぎない強さをもった、要の存在。」と述べていますが、それは村上龍がフランクにいわせた「洗練されていて上品」ということと通じ合っているように思います。

しかし、フランクは温いミソスープに浸かっているだけの日本人を殺戮していきます。ミソスープを「温い」と表現しているところに私は困惑します。なぜなら、味噌汁というのは「熱い」ものなのです。ですから熱さに耐えられるように食器は木椀なのです。食品科学の作家・ハロルド・マギー（１９５１年～）は、見つめていると対流の動きが夏空の入道雲のようだと熱い味噌汁を文学的表現で讃えています。要するにフランクは本当の日本の食文化が分かっていないのです。現にコロラド州でも、日本に居る今もまだミソスープを飲んでいません。

そもそもが「味噌汁」は「ミソスープ」とかいって一言で済ませられるようなスープではありません。出汁だって色々と異なったものを使いますし、呼び名でさえも西日本では「おみおつけ（御御御汁、御味御汁）」「おつけ」と言ったりしますから、西と東では違うのです。このように食文化は複雑であることが年越蕎麦を食べる場面でも表れていました。

フランクは、ざる蕎麦を食べながら鰊蕎麦を食べているケンジに訊いてきます。「どうしてニューイヤーイブにはこのヌードルを食べるのか？」、ケンジは答えます。「それは長く生きるようにという言い伝えがあるから」、「どうして蕎麦を食べれば死なないと昔の日本人は思ったのか？」

このトンチンカンな質問にケンジは日本人とアメリカ人の違いに気づきます。長く生きることと死なないことは違うはずなのに、彼らは長く生きることは死なないこと、と思うのかと。

こういう考え方の微妙なズレが文化の壁だと思います。しかしそういう異文化の人間が異文化の国を侵略するかのように突然やって来て殺戮《さつりく》を繰り返しているのです。そこには困惑と怒りを感じます。

村上が描くフランクの殺戮とはいったい何でしょうか。災害、ウイルス、あるいは大国の侵略の言い換えなのでしょうか。そんな謎を抱きながら読み進みましたところ、フランクはハッキリとモノを言うケンジに友情を感じ始めているようです。ここに日本人のなかで被害に遭う一群の特質を見ることができます。フランクは、血も肉も感じられないヌイグルミのような人間だけを殺戮していたのです。最後に、フランクは「ぼくは社会にとって有害な人間だ。ウイルスによく似ている」と言い出します。そして「ぼくはケンジは殺さないよ」と言って、別れを告げます。「ただ、一度一緒にミソスープを飲みたかった。でも、もうその必要はない。ぼく自身が巨大なミソスープの中に混じっている」と言って、一人で除夜の鐘を聞きに行きます。フランクは日本文化の中に染まったのでしょうか。それは分かりません。フランクが百八つの除夜の鐘を聞いたあと、どうするのか小説は示しておりません。

筆者が思ったことは、本論の課題である「美味しさ」の前提として、災害、ウイルス、侵略戦争などによる破壊に抗うための、自然、地域、自給、慣習・文化、福祉・教育などを保障できる強固で新たな共同体が絶対必要であるということです。

和食の美味しさを求める人は、それを阻害する者に抗わなければならないと思います。


【共同体＝美味しさ】

7　漬物の童話『漬物大明神』

面白い童話があります。小暮夕紀子（1960年～）の『漬物大明神』といいます。話はこうです。

ある山村の、ある不作の年に天から大きな石が落ちてきました。その石は火花を飛び散らし、畑を焼き払ってしまいます。ところが翌年から土が肥え、たっぷり収穫できる畑になったのです。それから村人はその石をありがたい「神の石」と思って欠片《かけら》の一つを御神体として祀るようになりました。

ところで、その村にはウメさんというお婆さんがいました。ウメさんは余った野菜は何でも漬物にしていましたが、ウメさんが漬ける漬物は美味しいと、村中の評判になっていました。お婆さんに漬け方を訊いても「村の野菜がうまいからじゃ。塩を振って石を載せるだけ」と笑っています。

しかしこのウメさんには秘密がありました。実は御神体として誰も見られない「神の石」を漬物石に使っていたのです。こういうことを民話調に面白い話に仕立ててあります。理屈っぽく言えば、天から落下してきた石とは隕石《いんせき》のことでしょう。そのために一面は火事になり焼畑状態となって灰が肥料となって、いい野菜が育つようになったと思われます。隕石には鉄分が含まれています。その隕石で打った日本刀は名刀として有名ですが、漬物も（1）うまい野菜と、（2）鉄分によって、美味しい物ができたのでしょう。

こうした漬け方の要点のようなことを突いてあるので、私は「漬物の童話」とよんでいますが、余った野菜を漬けただけという「たかが漬物」に、隕石らしき物を導入することによって、大きく「されど漬物」というおいしい話までもっていっているところが、漬物賛歌となっていて面白いと思います。

それともうひとつ、食べ物が豊富にあることは幸せなことですが、それが過ぎますと体によくないことにもつながります。ですから偶には漬物とご飯で過ごすこともよいことだというのが、ウメ婆さんの漬物評判の値打ちかもしれません。なにしろウメさんはありがたい、ありがたい「神の石」を使っていますから。

【いい野菜＋鉄分＝美味しい漬物→身体によい食事】

四の膳　日本人の美味感

〔二の膳〕の章では日本の《時間の料理》が見えてきました。それにはどのような特質があるかを見てみたいと思います。

一　切れ味《きれあじ》

日本は《生の料理》すなわち《切る料理》が冴えています。先に述べました磐鹿六鴈の「和物《あえもの》」そして「刺身」が切る料理の代表です。一方では後に触れます、蕎麦、握り鮨、天麩羅は日本の食べ物の代表ともいえます。しかしこれらはもともと海外から伝わったものがたっぷりと日本化して完成したものです。その点、和物、とくに刺身は磐鹿六鴈の伝説から分かりますように純日本産の料理ということがいえます。

ところで、和食のこと「割烹《かっぽう》」といいますが、これは割主烹従の意味からきています。つまり和食は切る（割）のが主で、煮る（烹）のはその次にする料理だというわけです。ちょうど手元に、料亭の板場の人々を描いた小説がありますのでご紹介します。

丹羽文雄の（１９０４〜２００５）『庖丁』といいます。一流の料亭の板場には多くの人たちが働いています。板場は、板前、向板、脇板、煮方、焼方、洗い方、雑役などがいる縦社会です。このうちの板前から煮方までが職人と呼ばれ、板前は女将《おかみ》ですら気を遣うほど権威がありました。『庖丁』の主人公の板前は園部流の庖丁人です。園部流というのは、今でいえば料理専門学校のようなものです。

日本の料理法は平安末期に四條流が「庖丁式」として確立させたと伝えられていますが、園部流も四條流の一派です。四條流を学んだ園部和泉守という庖丁人が三河の松平氏に仕えていたのですが、徳川（旧姓松平）家康が天下人となったため江戸幕府の台所を預かることになって栄えた庖丁流です。小説では板前が鯉の生け作りをするところがこんな風に描かれています。

〜生簀《いけす》からあげてきた鯉を板前は俎板にのせると、濡れ布巾《ふきん》で、鯉の目のあたりを包んだ。庖丁の背で鯉を撫で、布巾の上から傷のつかぬよう、形が壊れない程度にコツンと叩いた。鯉はぴたりと俎板に吸い付いたように微動だにしなかった。板前は鱗を一枚も剥がさぬように皮を薄く剥ぎ取って肉を造り身にした。その手際は鮮やかであった。造り身は井戸水で何度も晒《さら》された。井戸水で晒せば肉は縮み工合がよくなり、味は衰えなかった。晒した造り身を再び剥ぎ取った皮の中に、生きた鯉のようそっくりしまいこむ。鱗《うろこ》もとのままである。庖丁の跡はきれいに隠されている。板前は刺身皿にかわらを波形に敷いて、その上に鯉を盛り付けた。生きている鯉がそのまま皿の上に置かれているように見えた。〜

これが最高の《切る料理》、そして《見せる料理》ということでしょう。もちろん切ることはその道具である庖丁の進展と切っても切れない関係にあります。

日本列島での鉄器の使用は青銅器とともに先ずは弥生中期の九州北部から始まり、次第に東漸《とうぜん》しました。鉄器のうちの刀においては、最初は突くことしかできない直刀（剣）でしたが、武士の台頭にともなって斬る湾刀（刀）へ変化しました。こうした刀論につきましてはここでは詳しくは触れませんが、ただ太刀に対して小刀（または刀子《とうす》）という万能刃物があったことだけは目を向けていただきたいと思います。これは武器にもなりますが、工具、調理用としても使用されました。この万能刃物が切ることだけに特化させた「庖丁」へと進展するのですが、庖丁と小刀との違いは庖丁には「顎《あご》」があって、小刀にはないことです。

庖丁史を見ますと、平安末期〜鎌倉時代の東大阪市の四ノ辻遺跡から、刀子から庖丁への移行期的な刃物が出土し、13~17世紀の福山市草戸千軒町遺跡からは顎のある庖丁が出土しています。また絵としては『酒飯論絵詞《えことば》』（16世紀）に顎のある庖丁が見られます。和庖丁はこうした歴史をもって、進化していったのです。

日本の現在の一般家庭では、庖丁は薄刃・刺身・出刃の3本ぐらいは揃っているのは、こうした伝統からです。また、以前に江戸ソバリエの仲間とサンフランシスコに行って、総領事館でフード関係のジャーナリストを招いて蕎麦打ちを披露したことがありました。そこで麺生地を切る段階で大きい蕎麦庖丁を用いて切ったところ「自分にも切らせてほしい」との希望者が多くありましたが、切ることの面白さ、見事さが伝わったからだと思います。

こうした《切る料理》が、日本史上初の料理らしい料理として登場するのが、度々述べています上総国の磐鹿六鴈の伝説です。ほぼ神話時代に近いころの話ですが、磐鹿六鴈（膳《かしわで》氏の遠祖）という人物が景行天皇に奉った和物の「膾《なます》」というのが、蛤を切って、和えただけの《生の料理》だったのです。西洋料理では生のままの料理は「生牡蠣《なまがき》」ぐらいだと思いますが、日本の魚介類の多くは生で食べます。現在、魚介類料理では捕獲時の活け締めという超技巧や、切る道具と切る技術の冴え、そして盛付による究極の技が見られますが、その原初は磐鹿六鴈の伝説にあるといってもいいと思います。

日本の《生の料理》は《切る料理》と言い換えるべきでしょうが、世界的に見ても驚異の料理だといえます。その切り方、あるいは切る作法を「庖丁式」として最初にまとめたのは平安時代の中納言藤原山蔭（８２４－８８８年）だといわれています。

山蔭は藤原高房という地方長官の次男でした。それが皇太子惟仁親王の春宮大進（皇太子のお世話役）に任ぜられ、親王が56代清和天皇に就くにともなって天皇の側近になったのです。そうして続く57代陽成天皇、58代光孝天皇（在位８８４～８８７年）にも重用されましたが、山蔭という人は料理が上手だったらしく、光孝天皇から新たな庖丁式を編み出すよう指示され、『庖丁書』をまとめたと伝えられています。ですから庖丁式というのは料理法だったのです。

当時の宮廷には正式な料理がありました。後世「大饗《たいきょう》料理」とよんでいます。これには、親王、公卿が正月２日に中宮東宮を拝賀して饗応に預かる「二宮《にぐうの》大饗」や、左大臣・右大臣が正月２日か４日に行う「正月大饗」、あるいは左右大臣が新任したときの「任大臣《にんだいじんの》大饗」などがありました。

いずれも、生物・干物・唐菓子・木菓子などが並んでいました。そのなかの生の物とは、雉《きじ》・鯉・鱒・鯛・海月《くらげ》・栄螺《さざえ》・海鞘《ほや》・雲丹《うに》などです。これを先述の【新・料理の三角錐】から見ますと、古い時代の料理というのは菓子類を除けば、《生の料理》と《時間の料理》だけということになります。ですから、この時代はたいした調味料も、料理法もなかったといえるわけです。それでも儀式用として立派な物を用意しなければなりません。そういうとき食材をどう扱えばよいでしょうか。幸い、わが国には優れた庖丁がありました。当時の料理人は、この庖丁と俎板《まないた》と真菜箸を使って雉、鯉、鱒、鯛を美しく切って献上しようと努めました。この切り方を正式に定

写真５　四條流庖丁式（神田神社にて）

めたのが藤原山蔭だというわけですが、正確な内容は不明です。ただし後世の多治見備後守貞賢《さだかた》という人が1489年に『四條流庖丁書』的に整えられているところが特色です。多治見貞賢の「庖丁式」、世阿弥のお能、池坊のお花、そして利休のお茶などがそうです。現在、日本料理が《見せる料理》といわれるところは、〝視覚〟で形の美しさを感じ取る「庖丁式」に因るものと思います。現在の《切る料理》の代表は、刺身（お造り）や握り鮨でしょう。握り鮨は江戸末期に庶民向けの屋台店から始まりましたが、明治期になって高級店化し、切る技術によって、美味しさがさらに追求されるようになりました。

刺身にしてもそうです。魚を刺身にするときは、基本的には白身は薄く、赤身は厚く切ったりします。また一太刀で切ったり、角が立つように切ったりと庖丁人は技術を磨きます。料亭「青柳」の小山裕久は、刺身は斜めにそぎ切りにしながら少し厚めに切ると美味しくなると言っています。つまり切ることは単なる下処理でなく、切り方次第で美味しくなるということです。角が立つようにキッパリと切れた西瓜やメロンには涼感を覚えます。

もう一つ、切ることが大切なものとして蕎麦切があります。美味しい蕎麦というのは難しいことですが、見た目が美しい、啜《すす》りやすい、腰がある、喉《のど》の滑りがいい、蕎麦そのものが美味しい、などがあげられます。啜りやすい、喉の滑りがいい、というのは蕎麦麺の形に求められます。つまり長さ約21センチ、厚さ1・5ミリ、幅1・3ミリになるように切るのが、現在一般的となっている江戸式です。蕎麦切も切り方次第で美しく、美味しくなります。

優れた刃物を持つ日本には、「切れ味」という言葉があります。もちろん刃物の切れ具合を指しますが、高じて味にも「切れ味がよい」という評価の言葉として使いたくなります。テーブルに出された一塊の肉をナイフとフォークで切って食べる人たちと、皿の上の切って盛り付けてある刺身を愛でる日本人は、月の表と裏側ほどの違いがあります。

わたしたちは、視覚つまり目で見た美しい切れ具合のよい料理に、触覚からも美味しいと感じることができます。この場合の美味しさも〝切れ味〟と言ってもよいと思います。刃物の切れ具合（切れ味）は美味しさの切れ味にも及ぶと思います。

二　涼味《りょうみ》

日本には毎年必ず巡ってくる四季があります。これに梅雨季を入れて五季があると言う人もいます。春と秋は過ごしやすく、夏暑く、冬は寒く、梅雨時には湿気があります。食べ物も巡りくる季節に合う物が求められるのも日本です。平安時代の清少納言は『枕草子』のなかで、こう述べています。

「あてなるもの。削り氷にあまづら入れて、あたらしき金鋺に入れたる。」

甘葛《あまづら》というのは、蔦か、甘茶蔓かで作った甘味料のことだそうですが、金鋺《かなまり》（金製のワン）に削り氷を入れ、甘葛をかけて食べるのは貴《あて》なることと宮廷人は思っていたようです。

金属製の食器はあまり日本人は使いませんが、おそらくこうした組み合わせの最初は中国大陸か朝鮮半島から伝来した文化として、当時の宮廷でとり入れられていたのでしょう。現代ではたまに金属製のカップにアイスコーヒーやビールという組み合わせを見かけます。たしかに、冷たい物を冷たい金属器に入れますとガラス器に入れたものより強い冷感がします。

冷たい食べ物といえば、日本の蕎麦屋に入ってお品書きを見ますと「冷たい麺」と「温かい麺」に分けて示してあります。

蕎麦屋における冷たい麺の初めはざる蕎麦（18世紀）です。それは室町時代の冷麦や冷し素麺の系統を継ぐものですが、冷たい麺の祖は朝鮮半島の冷麺にあるのかもしれません。ご承知のとおり朝鮮の人は金属製の食器で冷麺を食べます。

ところが、世界では、基本的に「冷たい麺」というのは在りません。ですから多くの国では「汁あり麺」と「汁なし麺」という分け方になっています。麺発祥の地中国でさえもそうです。中国の「汁あり麺」は「抻麺《しんめん》」（承徳）や「牛肉拉麺」（蘭州）などたくさん見られます。「汁なし麺」の方は「蝦子麺」（広州）などを見かけます。またイタリアのパスタの場合、「汁なし麺」は一般的なパスタとしてたくさんあります。「汁あり麺」はスープパスタが見られます。

こんな具合なので、朝鮮と日本の「冷たい麺」は世界でも珍しく、月の裏側と表側のような違いが見られます。

ただ「冷たい」と表現していますが、一般的に日本の「冷たい麺」というのは「冷」より「涼」の温度です。ですから、食物民族学者の近藤弘は〝涼感〟または

表2

冷たい麺（涼　味）	汁は別にあり	具なし	箸で食べる
温かい麺（温　味）	汁あり	具あり	箸で食べる
汁あり麺（温　味）	汁あり	具あり	箸と匙で食べる
汁なし麺（温　味）	汁なし	具あり	フォークで食べる

〝涼味〟という言葉で表現しています。江戸時代の芭蕉もところてんの涼味を味わっているようです。「清滝の 水汲ませてや ところてん」芭蕉 京嵯峨野明亭にて（元禄7年『泊船集』）

ところで、上に述べました「冷たい麺」、「温かい麺」、「汁あり麺」、「汁なし麺」を整理してみたいと思います。ただし冷やかけ蕎麦、冷やし中華、冷製パスタなどは近年に登場したものですから、ここでは論外としています。

そのうえで、表の涼味麺（ざる蕎麦）だけ取り出しますと、日本人が大好きな刺身との共通点で見えてきます。

一つは、ざる蕎麦と刺身は、主たる食べ物（蕎麦・刺身）とは別に汁（付け汁・付け醤油）があるということです。

二つは、それを箸で摘まんで食べるということです。わざわざ「箸で」と、言うことでもないのではと思われるでしょうが、手で握って、手で食べる握り寿司と、刺身は違う食べ物という視点から述べています。
三つ目が、山葵《わさび》です。山葵（シアネート）の辛さは冷たい刺激によります。唐辛子（カプサイシン）や胡椒（ピペリン）のそれは熱い（hot）刺激によるものです。
「わさび とりもつ ねたと飯…略」（黒木瞳「寿司屋」）という詩を書いているのは、女優の黒木瞳ですが、「とりもつ」という表現が単なる脇役ではないよとの意味に受け取られて面白いと思います。このように山葵がとりもったざる蕎麦や刺身、さらには似たものとして板わさなどの涼感は、五感からいえば触覚のひとつではありますが、温度感覚のうちの涼覚が日本独自の美味文化になっています。

【蕎麦＋付け汁＋山葵＋箸＝刺身＋付け醤油＋山葵＋箸】

最後に余談になりますが、評論家の呉善花《おそんふぁ》は『ワサビの日本人と唐辛子の韓国人』のなかで「物静かな日本人」と「カッカとしやすい韓国人」を「ワサビは辛いという体感を内部に受け入れさせようと働き唐辛子は辛いという体感を外部に出させせようと働く」のに似ていると上手に説明しています。国民が食べ物を選んでいるのでしょうか。それとも食べ物が国民性をつくり上げているのでしょうか。考えさせられる一文です。

三　感触味《かんしょくみ》

日本では縄文時代から土器で《煮る料理》が豊かでした。西洋人であるレヴィ＝ストロースは反対に、人類は《煮る料理》より《焼く料理》が先だったと述べています。これらの説は言葉の数にも現れています。日本語では茹でる、炊く、煮ると豊富ですが、英語ではほとんどboilですみます。その反対が焼くです。英語ではbake, grill, toast, roastがありますが、日本語は焼くだけですみます。

茹でる、炊く、煮る＝boil,
焼く＝bake, grill, toast, roast,

日本に多い《水の料理》には水だけ炊く、茹でることと、水＋調味料で煮ることがありますが、水だけで炊く・茹でる料理は日本人にとってとても重要です。いう

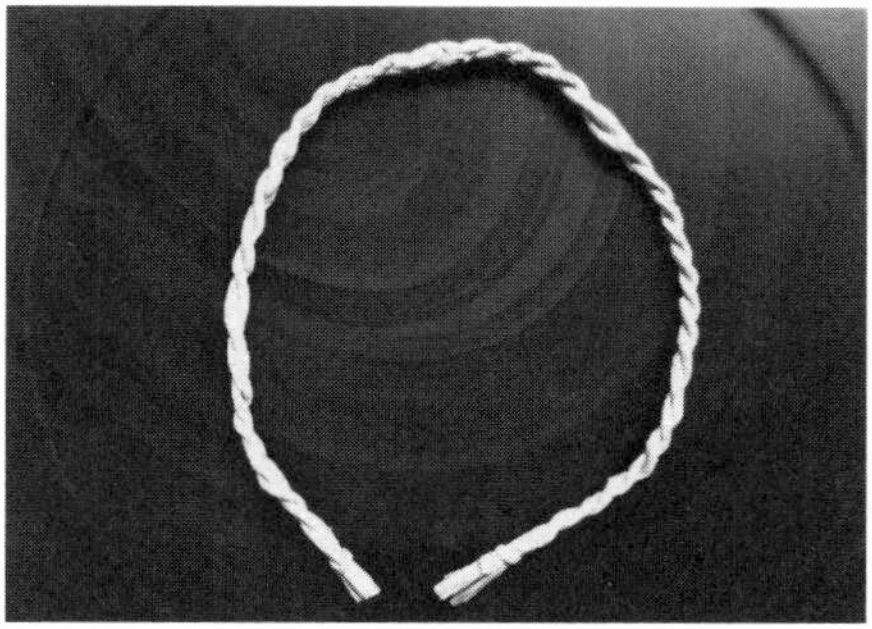

写真６　縄

までもなく炊くのは日本人の主食である米、茹でるのは日本が誇る麺の料理法です。位置的には《生の料理》に近い料理ですが、ここから日本人独自の美味基準が生まれたと考えられます。調味料で煮た場合は調味料の味が直に舌へ伝わりますが、水だけで炊いた場合は食材の感触が口全体で感じられます。たとえばご飯だと、炊いたご飯のほんのりしたあま味を感じますが、それ以上に粘り、弾力性、あるいは歯応えなどの触覚が美味しさを左右します。それは同時に食材そのものを大切にする姿勢にもつながります。そして、もうお分かりでしょう、麺もまったく同じです。

安部公房（１９２４～９３年）は小説『なわ』のなかで、縄と棒は人間のもっとも古い道具の一つだったと述べていますが、その縄作りを参考にして麺作りが始まったと考えられます。なぜなら麺誕生はいまから４０００年前とされています。当時は現在でいう「文化」らしいものはまだ見られません。たまたま目の前にあった縄や蔓などを真似て土器作り、麺作りが始まったものと考えます。

そうして開発された麺が伝わった日本には優れた庖丁がありました。そこで日本は庖丁で切る麺に特化させ、室町時代のころは素麺を「切麦《きりむぎ》」といい、蕎麦《そ》を「蕎麦切《ばきり》」とよんでいました。「蕎麦切は日本文化にふさわしい呼び方だと思います。

切り麺は庖丁次第で、自由自在に細く切ったり太くしたりできます。そこから茹で時間で感触（肌触り、手触り）が変わってきて、麺の美味しさに触覚（皮膚に食べ物が触れたときの感覚）という基準が生まれました。

夏目漱石（1867〜1916年）の『吾輩ハ猫デアル』のなかでは、蕎麦の食べ方の説明に「この長い奴へツユを三分の一つけて、つるつると咽喉《のど》を滑り込むところが値うちだよ」という台詞があります。つまり「喉の滑りがいい」というのは、口中の皮膚に麺が触れたときの心地に美味しさを感じます。他にも蕎麦は「腰のある」のが美味しいとされるのも同じことです。

美学者の佐々木健一（1943年〜）は、西洋人のバラの見方と日本人の桜の観賞の仕方を比べ、日本的感性の基調として触覚性ということを引き出すことができると述べていますが、日本人は《生の料理》にちかい料理―水で茹でたり、炊いたりした食べ物は触覚第一、つまり口中の皮膚に食べ物が触ったときの感じを美味基準として大切にしているのです。これを〝感触味〟とよんでおきます。

といいましても、味覚的美味しさも求めたいものです。そこから「炊いた飯＋味噌汁」、「茹でた麺＋つゆ」の1組で完成品としたのです。「生の刺身＋醬油」、「揚げた天麩羅＋天つゆ」という組合わせもそうです。しかも刺身のつけ醬油は魚の持ち味を際立たせるために一工夫を加えたり、自家製を考案します。天つゆは材料の持ち味を活かすために人肌ていどの温かさにします。蕎麦つゆは関東の水と鰹節と濃口醬油から生まれた関東の味です。「蕎麦つゆだけは関東の味にかぎる」とか、蕎麦屋では「返し（濃い口醬油＋味醂・砂糖）は命にも勝る」とまで言われています。

それらの延長線から日本の食卓には複数の料理が並ぶという作法になりました。そして、ご飯と味噌汁は分けましたので、それを交互に口に入れます。

麺・刺身・天麩羅とつゆは分けてあって、麺・刺身・天麩羅はつゆにちょいと〝付けて〟食べるという独自の食べ方を生みました。こうして、日本人は物理的触感（感触味）と味覚の美味しさを手に入れました。

ただ、最後に付け加えることがあります。哲学者のサラ・ウォースは「taste（味）

という言葉はなかなか厄介だ。テイストという語源を遡ると、触れることに関連した感覚という意味にたどり着く。確かに味は舌で触れてみなければわからないが、テイストという言葉から触れるという語源が真っ先に浮かんでくることはまずない」と述べています。そこで調べてみますと、古フランス語のtaster（味を見分ける）はラテン語のtasto（触れる）からきているようです。

そうしますと、人類は最初に触れた感じを自覚し、それから西洋人は味覚を意識するようになり、日本人は触覚は触覚として大事にしたということなのでしょうか。

四　旨味《うまみ》

美味しさは五官をはじめ心身で感じるものです。しかし美味しさの中心はやはり「味覚」です。その味覚には基本五味あるいは七味があります。五味といいますのは「甘・塩・苦・酸・旨」、七味は「渋・辛」を加えたものです。ただし、甘味・鹹味・酸味が音読みであるのに対し、苦味・旨味・渋味・辛味の言葉を例外的な湯桶《ゆとう》読み（訓・音読み）にさせたところが国語的には気になりますが、それゆえに日本人好みの味覚のように思えてくるところもあります。またこの七味に英語を添えてみますと、日本人の味覚の特質が分かります。

甘味《かんみ》(sweetness)
鹹味《かんみ》(saltiness)
酸味《さんみ》(acidity)
苦味《にがみ》(bitter taste)
旨味(－)
渋味《しぶみ》(astringency)
辛味《からみ》(hot taste)

つまり、海外では旨味の認識がなかったため、欧米では旨味に相当する言葉はありませんでした。裏を返せば旨味が日本人の味覚の特色だということになります。

こうした「味覚」ということを日本で最初に明示したのは宋から帰国した留学僧栄西(1141~1215)です。彼は『喫茶養生記』(1211年・1214年)で『尊勝陀羅尼破地獄法秘鈔』(唐代のインドからの渡来僧善無畏《ぜんむい》の秘鈔)にある酸・辛・苦・甘・鹹の〝五味〟を紹介しました。

写真7　栄西開基の寿福寺（鎌倉市）

次に道元（1200～53）が自著の『典座《てんぞ》教訓《きょうくん》』（1237年）の中で〝六味〟、すなわち酸・辛・苦・甜《てん》（甘）・鹹《かん》・淡について述べました。六味のなかの五味は栄西と同じですし、私たちも理解できますが、新たに「淡」という味を加えています。道元は、宋の『禅苑清規《ぜんねんしんぎ》』から引用したと言っています。

『禅苑清規』というのは禅宗の戒律のようなものです。唐の百丈懐海という人が初めて制定したと伝えられていますが、散逸したため長蘆《ちょうろ》宗《そう》賾《さく》なる人物が、当時の古刹などで行われていた行法を調べ上げ、新たに禅門の規矩を定めて1103年に刊行したものだそうです。この『禅苑清規』は日本の禅林でも認識されていましたから、道元が述べたことも典座たちは理解できたと思います。

では、書かれている六番目の「淡」とはいったい何でしょう？

調べてみますと、「淡」という言葉は老子の思想に見られるようです。老子はこう説明しています（第35章、第63章、第12章）。

「道之出口 淡乎其無味（道の口より出るは淡乎として其れ味、無し）」。「為無為 事無事 味無味（無為を為し、無事を事として、無味を味わう→余計な事はするな、味のないものを味わえ）」。さらには「五色令人目盲 五音令人耳聾 五味令人口爽（五色は人の目をして盲ならしめ、五音は人の耳をして聾《ろう》ならしめ、五味は人の口をして爽わしめ）」と快楽主義を非難しています。つまり五味を抑えるものが「淡」という考え方のようです。

写真８　永平寺厨房の歳徳神

しかし思想としては分かりますが、料理の場合はどういうことでしょうか。現在の中国では、味の表現として淡《だん》（薄い味）・濃《のん》（濃い

写真９　沙弥如心絵『慕帰絵詞』

味）・厚《ほう》（濃厚な味わい）・薄《ぱお》（うすい味）があります。ですから、淡味とは「薄い味ながら五味を抑えている」ということになるのでしょうか。しかし五味を抑えながら薄い味となりますと、ただ薄い味というわけにはいかないでしょう。道元は、おそらく何かで「淡味」を得ることを示したものと思われますが、具体的なことは分かりません。

ただ時代を110年ほど下りますと、本願寺三世覚如《かくにょ》の伝記絵巻『慕《ぼ》帰《き》絵《え》詞《ことば》』というのが見られます。この『絵詞』は本願寺の慈俊（覚如の子）が企画し、沙弥如心という絵師が描いた（1351年）といわれているものです。14世紀半ばといいますと、足利尊氏と直義の兄弟が争っているころですが、この絵を観ますと、覚如の屋敷内の厨の間は、多くの使用人や弟子たちが饗応の準備に忙しくしています。一人は大きな俎板の上で真名箸と庖丁を使って鯉を捌《さば》いています。その様は「庖丁儀式」でよく見る姿と同じです。炉では魚のような物を焼いています。ある人物は麺を器に盛っておりますが、麺打ち場は別の所にあるのでしょう。その手前で一人の僧が旨そうに麺汁の味見をしています。これが気になります。その坊主の満足げな表情を見ていますと、彼が味わっている麺汁には、道元の言う〝六味〟に基づいて作られた麺汁であることを想わせます。

それからもう一つ思い出すのが『養老律令』（718年）や『倭名類聚抄《わみょうるいじゅしょう》』（931～938年）の記載にある「煎汁《いろり》」です。

日本では道元以前から、酢（酸味）・酒（甘味）・塩（鹹味《かんみ》）・醬（鹹味）・末醬（鹹味）・煎汁などの調味料を使っていました。醬・末醬・煎汁には旨味があります。とくに煎汁（鰹または大豆の煮出し汁）は旨味の素です。

そこで復元された煎汁（商品名「鰹色利」）を購入してみました。たとえば胡瓜に味噌やマヨネーズを付けるように、煎汁を付けて食べますと美味しくいただけます。

次に、味噌汁の出汁として使ってみました。小匙半分と書いてありましたから、薄まります。そうしますとかなり生臭くなります。先に紹介しました本願寺三世覚如の屋敷や典座たちは僧侶です。特別の客には魚を供することがあったかもしれませんが、普段は（鰹の煮出し汁ではなく、大豆の方を使っていたのでしょう。

写真10　いろり

蕎麦史研究家の伊藤汎は「寺方蕎麦のつゆの出汁は大豆だった」と述べていますし、老舗蕎麦店の長老たちも「昔は大豆で出汁をとっていた」と、言っていますので大豆出汁というのはある時代、あったことは確かです。もちろん今でいう〝旨味〟を得るためにです。この旨味は、現在では減塩効果があることが知られています。そうしますと、これが当時の五味を抑える〝淡〟という料理法だとも考えられます。

旨味は現在、日本の水（軟水）と相性のよい、鰹本枯節、煮干、昆布、干椎茸などからとるのはご承知のとおりです。したがいまして、道元の淡味の思考にそって日本の旨味が花開いたものとみていいと思います。

【道元の淡味→日本の旨味】

その旨味を発見した人がいます。

明治時代の化学者の池田菊苗（1864〜1936年）です。発見の経緯につきましては、ズバリ『「うま味」を発見した男 小説池田菊苗』の題名で、上山明博（1955年〜）という人が小説にしています。

話は池田菊苗8歳のときから始まります。場面は京都相国寺《しょうこくじ》前の旧薩摩藩邸（現：今出川通烏丸東入）の池田家です。家族と一緒に父の好物の湯豆腐を食べているところですが、何と8歳の菊苗が「わたしも湯豆腐は大好物でございます！」と言っているのです。この場面が作者の創作か、あるいは事実なのかは分かりませんが、創作だとしましたら昆布出汁の湯豆腐が有名な京都で育ったのが、後に旨味を発見した池田菊苗の運命的なところから始まっているわけです。また実話だとしたら驚きです。小説上の菊苗はいい意味での一貫した科学者的な性格の持ち主です。科学的性格とは、たとえば「1＋1＝2」であることに何の疑問もなく、そして素直に前向きに生きている人なのです。ですから8歳の少年の「湯豆腐が大好物」という台詞は衝撃的です。対照的なのが、ロンドンで一時（1901年ごろ）菊苗と下宿を共にした夏目漱石です。漱石の文学は「1＋1＝2」を疑うところから出発していると言っても過言ではないでしょう。だから漱石は胃潰瘍に悩まされたのです。

とにかく、菊苗はドイツ・ライプツィヒ大学のオストワルド教授の元に留学していたとき（1899年）に教授から「日本独自の発想を」と言われたことや、東京帝国大学医科大学名誉教授の三宅秀の論文「佳味は食物の消化を促進する」の教えなどを大事に守って、父と約束した「役に立つ化学」のために歩き続けていくのです。

そうして明治40年、本郷区駒込曙町13番地（現：文京区本駒込1－25辺）の自宅で、第五の味覚「旨味」を思い付いたのも、また家族と食卓を囲んで湯豆腐を食べているときでした。

長女のふきが湯豆腐が「おいしい！」と言いました。そこで父菊苗は「味にはどんなものがあるか、言えるか」と子供たちに尋ねます。

次男の真吾が「甘い！」と応えると、三女のさきは「塩からい」、次女のふさが「酸っぱい」、長女のふきは「苦い」、そして長男の醇一が「旨い」と言ったのです。子供が5人いたというところが五味と符合するため、まるで舞台劇でも観ているかのようです。菊苗はこの夕食から第五の味覚「旨味」の化学物質グルタミン酸を発見していくわけですが、駒込の自宅での出来事は史実のようです。

こうして、道元から約670年後に〝旨味〟は具体的になってゆくのです。しかし世界ではまだまだ旨味に注目はされません。

懐石料理「辻留」の辻嘉一がこんなことを述べています。

外国の料理関係者と対談していたら「世界中で日本のスープが一番おいしくない」と言われたというのです。これに対して辻は、日本のスープを代表する「清汁《すましじる》」は上品なので西洋の人には日本の淡くほのかな汁は物足りないかもしれないと言いつつ、辻は清汁の素晴らしさをこう説明しています。

清汁は、暖流に乗って来る鰹と、寒流で育つ昆布をたっぷり使って、その旨味だけを取り出し、調味は塩と淡口《うすくち》醤油の塩分は合わせて０・７％の加減で作ります。

この0・7%というのは人間の血液中の塩分と同じなんです。だから調味も外気の温度に順応させせ、夏は塩を多く、冬は醤油を多くして作る、というのです。どうでしょう。この清汁こそ「道元の淡味」ひいては「日本の旨味」に満ちたものではないでしょうか。

さて、21世紀の現在、外国では和食がブームだといわれています。和食といいましても天麩羅、握り鮨が中心です。ですからヘルシーな魚が人気という面もあります。

近年、旨味が世界で認められて「umami」となったり、また「淡」の輸入元の中国の、現代の食文化辞典に「鮮」(旨味)が六番目の味として掲載されても、和食を代表する清汁や蕎麦つゆの旨味が広く理解されたわけではありません。

なぜかといいますと、味覚は風土から生まれるものだからです。日本の汁、出汁は水と鰹節や昆布などが食材です。その水は軟水(硬度40〜50)であり、出汁を引くのに最適です。しかも鰹節や昆布などには「海の精」の味わいがあります。

つまり旨味は、海に囲まれ、かつ軟水の国・日本で生まれ、日本で育った美味基準なのです。硬水の国や海のない国の人には理解が難しいところがあります。そのうえ、七味のうちの甘味、鹹味、酸味、苦味、辛味、渋味は、具体的に砂糖、塩、柑橘類、ゴーヤ・コーヒー、山葵・唐辛子・辛味大根、渋柿などを口に入れたときその味覚を感じるものですが、旨味というのは具体性がないのです。強いて言えば「出汁＝汁」を啜ったとき、旨味を感じます。すなわち私たちはお吸物や味噌汁を飲んだときにだけ、あるいは鰹節の香りが漂っているときにだけ、「あ、、出汁が効いていて、旨い」と旨味を堪能しているわけです。

戦国時代に来日していた宣教師のルイス・フロイスは「われわれはスープがなくても食事をすることができる。日本人は汁（elixir）がないと食事ができない」と観察しています。つまり和食は「汁＝出汁＝旨味」を中心とした世界であります。極端にいえば、汁がないと旨味が実感できない。言い換えれば汁が大好きなわたしたちは常に旨味とともにあるわけです。

そして旨味というのは、まるで梵鐘の音のように淡い広がりと余韻が感じられる性質のものです。一方、西洋の美味しさは攻めてくるような感じです。肉、チーズの油脂味の美味しさには力があります。月の表と裏ぐらいの違いがあります。

少し前、北京で川魚をトマト汁で煮込んだ「トマト鍋」のようなものを食べたことがありますが、近ごろは「トマト＝旨味」の認識が広まりつつあるようです。日本の旨味を世界に分かってもらうには、具体的な食材で示すことも、美味しさの追究のひとつになるかと思います。

五　一期一会《いちごいちえ》

日本の伝統には途絶えさせたくないものがたくさんあります。その一つが茶道です。茶葉を薬研などで碾いて粉末にし、それを碗に入れて、お湯を注ぎ、均一に攪拌して飲みます。これを「お茶を点てる」といいます。茶道界では、千利休（１５２２～９１）が遺したという〝一期一会〟の精神が茶道の心得として受け継がれているといいます。今日のこの茶会は一生に一度かぎりの出会いであると思って、亭主と客はともに誠意を尽さなければならないという意味の教えです。

では、利休は一期一会の心構えをどのような体験から得たのでしょうか。それを探った映画が山本兼一（１９５８～２０１４年）原作の『利休にたずねよ』だと思います。映画の前半は19歳の日の利休の恋が描かれています。たまたま捕らわれの身の高麗女性を知って愛するようになった若き利休は、二人で逃避行に走ります。しかし追っ手に追い詰められた末に逃げ切れないと心中を決意します。ところが愛する人は死に、自分だけは生き残ってしまうのです。亡くなった高麗女性は木槿《むくげ》の花を愛していました。木槿の花は朝に開花して夕方には萎んでしまう「一日花」です。利休の眼には、咲いている今を精一杯生きている木槿の花と、若くして亡くなってしまった愛する女の姿が重なりました。このとき利休は一期一会の無常を悟ったようです。なぜ利休は、秀吉が命じた切腹に黙って応じたのか？

写真11　木槿（むくげ）

山本兼一は、自分が殺したのも同然の若き高麗女性の後を利休は約半世紀経って追ったのだと解釈したのです。同じく、無常さを描いた小説に郷静子の（1929~2014年）の『れくいえむ』というのがあります。郷の小説は第2次世界大戦下で散った軍国少女たちの胸が痛むような話です。

映画の後半は、史上有名な利休の切腹の謎に迫ります。

なぜ利休は、秀吉が命じた切腹に黙って応じたのか？

山本兼一は、自分が殺したも同然の若き高麗女性の後を利休は約半世紀経って追ったのだと解釈したのです。

同じく、無常さを描いた小説に郷静子の（1929～2014年）の『れくいえむ』というのがあります。郷の小説は第二次世界大戦下で散った軍国少女たちの胸が痛むような話です。

女子中学一年生のなおみは「みんな同じ人間なのに、どうして戦争などするのでしょう」と悲痛な声を残し、空襲で命を落とします。また少し年上の節子は、ある用件で初老の婦人を訪ねますが、戦時下の今、この婦人と再び逢うことはないだろうと思い、別れてから「一期一会」と一言だけ口にします。そして少女節子も胸を患っている身でありながらお国のための労働奉仕中に、とうとう亡くなってしまいます。明日は分からない不条理の戦時下で、少女が呟いた「一期一会」という迫真の言葉には涙が出そうです。そうしますと、この〝一期一会〟とは、茶の世界のみならず万に通じる理だといえるのではないでしょうか。

この万理の考え方を茶道ばかりではなく、和食の世界に照らしてみようとしたのが長田弘（１９３９～２０１５）の詩集『食卓一期一会』ではないかと思います。本の題名は、「食卓はひとが一期一会を共にする場」からきています。ページを捲りますと「言葉のダシのとりかた」とか、「包丁のつかいかた」とか、「コトバの揚げかた」とか、「ぬかみその漬けかた」など独創的な詩が目に入ります。

後記には、「料理に大切なのは、いま、ここという時間だ」と述べています。この「料理に大切なのは」は「美味しさに大切なのは」に置き換えることができると思います。そうしますと「美味しさに大切なことは、いまという時間だ」ということになります。

私たちがよく口にします「季節の物」だとか「新鮮なうちに」だとかいう言葉は、旬の今が美味しい、採れ立ての今が美味しいということを意味しています。さらに刺身や蕎麦は切り立てが美味しいと言います。角が立つように切った切り立ての触感が粋で美味しいというのです。また蕎麦切では、挽き立て、打ち立て、茹で立てにかぎるとされています。握り寿司は握り立て、和物は和え立て、日本の薬味は食べる直前の切り立てを使います。そしてご飯や味噌汁はでき立て、天麩羅は揚げ立て、魚は焼き立てが美味しいです。

「冷たい物は冷たいうちに、温かい物は温かいうちに」ということも＝でき立ての今が美味しいということです。総じて、日本人の美味基準は〝でき立て〟を分母にしています。これはみな、「一期一会→今」の表れではないでしょうか。

ところで、話は現代に飛びますが、現在のSNSには食べ物の写真があふれています。「インスタ映えのするケーキ」、「いまラーメン屋にいる」、「激辛カレーの衝撃」などなど…。和食文化国民会議会長の伏木亨（1953〜）によりますと、甘味・油脂味はやみつきを誘う美味しさだと言われています。

しかしSNSにはそうしたやみつきの魔力的な食べ物ばかりではなく、毎日の弁当や昼のお蕎麦など日常的な食べ物の写真も掲載されています。

これらは日本だけの現象なのでしょうか。海外などはどうなんでしょうか。そこで、スイスに長く住んでおられる江戸ソバリエのO・Yさんやサンフランシスコでフードジャーナリストとして活動されているS・Eさんにヨーロッパやアメリカはどうなんですかと伺ってみました。

そうしますと、世界で一番ミシュランが多い国だからでしょうが、日本は異様に食に関する情報が多いように思います。とくにテレビは食の番組が多すぎるのではとのことでした。お二人だけの声ですが、悪くいえば、日本人は内向志向で世界の動きに無関心で、良くいえば、日本人は食べ物が大好きな国民のようです。ですから、室町時代に「庖丁式」が完成し、茶道が興り、江戸時代に、江戸式の蕎麦切、江戸前の天麩羅、寿司、鰻の四大食が誕生し育ったのでしょう。

それにしても食の情報がＳＮＳで賑やかになったのはなぜでしょうか。

これに対して、音楽ジャーナリストの若林恵（１９７１〜）は「デジタルテクノロジーと食はとても相性がいい」と言っています。

今日の朝食も、昼食も、夕食も食べてしまえば形も何も残りません。あの日あの時の一膳はあの日あの時だけのものなのです。これが日本人の伝統的万理である〝一期一会〟ということです。

五感のうちの化学的な味覚・嗅覚のデジタル化は簡単ではありませんが、物理的な聴覚・視覚はデジタルと相性がいいのです。こうして、賑わっている食のＳＮＳ

現象は、もしかしたら江戸後期の以来の食のうねりかもしれません。

ただし、日本人の一期一会はもっと深いものがあります。なぜかといいますと、一期一会には五感による科学的一期一会（a）と、物を食べたときの個人的な「味わい」すなわち個人の感性的一期一会（b）があります。たとえば、利休の切腹は個人の感性的一期一会から悟ったことですから、他人には理解しがたいのかもしれません。

茶の世界に〝一期一会〟という理念を打ち出した利休後は、和食の世界にも世界に類のない美味基準が誕生したといえると思います。

六　月の裏側の日本人の美味感

四條流の切れ味、そこから派生した涼味や感触味、そして道元の旨味、利休の一期一会、これがわたしたち日本人が美味しいと感じる独自の基準です。

この日本独自の、いえば月の裏側のような美味基準を［いただきます］の章で示しました表に当てはめますと下記のようになります。ただし文学で感性を述べてい

表3

舌	味覚	化学的（a）	旨味
鼻	嗅覚	化学的（a）	
口	触覚	物理的（a）	涼味、感触味
耳	聴覚	物理的（a）	
目	視覚	物理的（a）	切れ味
大脳	感性	文化的・心的（b）	一期一会

るときは「文化的」としましたが、一期一会（b）をいうときは「心的」とした方がいいかもしれません。またわたしたちは、食べ物の匂いや食べるときの音などは二の次になっているところがあるようです。

そのうえで、あらためて表を見てみますと、化学的事象は旨味が主体となっており、物理的事象には幅の広さがみられます。そして五官を支えるが心のなかの一期一会観だということがいえます。つまり、美味しさは個人の感性を基盤にした化学的事象と物理的事象からなっていることが分かります。

このように評価の主体が人間であるということを、精神医学者のステファン・W・ポージェスは「我感ずる、ゆえに我あり」と言っています。

五の膳　江戸の味

最近話題になっています高瀬隼子（1988年〜）の『おいしいごはんが食べられますように』はこんな書き出しで始まっています。

昼休みの十分前、支店長が「そば食べたい」と言い出した。「おれが車を出すから、みんなで、食いに行くぞ」〜現代は街を歩けば外食店だらけです。ですからこうした昼の外食光景は現代のサラリーマンの世界ではよく見られます。その外食店が日本に最初にできたのは江戸の街です。

喜田川守貞著の『守貞謾稿』では、江戸初期に浅草の待乳山聖天《まつちやましょうてん》の門前に「奈良茶飯屋」が開店したのが、日本における外食店の祖だとしています。外食店は多くのお客が見込まれる都会でないと成り立ちませんし、貨幣経済がうまく機能しないと経営できませんから、戦乱が終息し、平和が訪れた「江戸初期の、都市江戸で…」というのは事実でしょう。

続いて登場したのが蕎麦屋です。浅草とか日本橋辺りで商いが始まったようです。そもそもが日本で麺類を本格的に食べるようになったのは室町時代です。留学僧たちが点心料理を南宋から導入したのが始まりです。彼らは製粉するための石臼、麺打ち道具、ならびに作り方を日本に伝えました。それは主として寺社内で作って、

『料理物語』にあるように「後段」として最後に食べていたようです。

　それが少量の冷麦・切麦・蕎麦切などです。その後段の麺を独立させて単品として売り出したのが麺屋の始まりなのです。ところが、新都江戸は旧都と風土も気質も違い、また自由度もありました。次第に江戸の水に合った〝江戸の味〟が育っていきました。つまり鰹節の出汁と濃口醬油による味でした。まずそれを使った蕎麦つゆが江戸中期に完成し、「江戸蕎麦」が生まれました。『蕎麦全書』には、江戸の高級蕎麦店をたくさん紹介してあります。

　続いて、江戸前の鰻を使った蒲焼、そして江戸末期には江戸前の魚介類を使った「握り鮨」「天麩羅」の屋台が登場しました。今は握り鮨、天麩羅は野外ではなく屋内で商っていますが、カウンター式になっているのは屋台時代の名残です。銀座の蕎麦屋「流石」の社長のお話によりますと、蕎麦屋でカウンターを取り入れたのは当店からではないかとのことです。当初は老舗蕎麦屋さんや蕎麦通のお客さまから「鮨屋や天麩羅屋じゃあるまいし、みっともないことはするな」とお叱りをいただいたそうです。そこでカウンターの奥行を贅沢に広く設えたそうです。お蔭で女性や一人お客に好評だそうです。

時代が変わると、江戸の外食屋も変わってきましたが、まずは江戸四大食の小説を見てみましょう。

一『吾輩ハ猫デアル』

食べ方というのがあります。過日「とんかつ」を食べに行きましたら、岩塩、とんかつソース、甘辛みそソースと、薬味として和辛子と胡麻が付いてきました。卓上には、「とんかつの食べ方」を記入したものが置いてあります。見ますと、①最初は何も付けずに、②次に岩塩、③とんかつソース、④甘辛みそソース、後はお好きなもので食べてください。薬味もお好みでどうぞ、とありました。

なるほどと思って、やってみましたが、馴染みのとんかつソースが一番よさそうです。中国料理店に行きますと、「小籠包の食べ方」というのが図で示している店もあります。天麩羅や鮨も食べ方にうるさい人がいます。

蕎麦にも食べ方というのがあります。

蕎麦の食べ方を最初に文字にしたのは文豪の夏目漱石（1867～1916）で

す。処女作『吾輩ハ猫デアル』（明治44年）では、夏の暑い日にやって来た友人の迷亭先生が、出前のざる蕎麦を食べながら、吾輩の飼主の苦沙弥《くしゃみ》先生と奥さんに蕎麦の食べ方を講釈します。

「打ち立てはありがたいな。蕎麦の延びたものと、人間の間が抜けたのは由来頼もしくないもんだよ」

「蕎麦はツユと山葵で食うもんだあね」

「初心者に限って、むやみにツユを着けて、そうして口の中でくちゃくちゃ遣ってますね。あれじゃ蕎麦の味はないですよ」

「この長い奴へツユを三分の一つけて、つるつると咽喉を滑り込むところがねうちだよ」

この迷亭先生の講釈に、筆者もまた少しだけ講釈を加えてみます。

その前に、猫の飼主である苦沙弥先生というのは漱石のことです。漱石は明治33年9月からロンドンへ留学し、明治36年1月に帰国しました。そして翌年の暮から突然『吾猫』の執筆を始めます。漱石は明治35年4月17日の夫人宛ての書簡に「日本に帰りての第一の楽しみは蕎麦を食ひ…」と書いており、弟子の森田草平の随筆にも「先生は蕎麦が好きであった…」とあるくらいですから、蕎麦が大好きでした。

さて、迷亭先生が苦沙弥先生の座敷で食べたのは出前です。ですから近くの蕎麦屋さんからとったのでしょう。『吾猫』執筆のころ漱石は本郷区駒込千駄木五七番地に住んでいました。そこで東京都麺類協同組合所蔵の最古の組合員名簿『東京蕎麦《そば》饂飩《うどん》商組合』（昭和3年刊）を見てみますと、駒込肴町六番地に「松屋」と、駒込林町四八番地に「菊蕎麥」が載っています。『猫』の時代から約26年経った名簿ですが、蕎麦屋は代替わりで続く商いです。肴町の「松屋」から漱石宅まで歩いて8分、林町の「菊蕎麥」もそう遠くありません。どちらからか出前をとっていたのでしょう。

話をすすめますと、「ツユに三分の一つける」とはっきり言っているところは驚きです。これが江戸蕎麦の最大の特色です。江戸中期に現在のようなツユ＝出汁（本枯節）＋返し（濃口醤油＋砂糖・味醂）が開発されてから、江戸蕎麦のツユは旨味に満ちた酷のある濃いツユになりましたので、三分の一ぐらいでちょうどいいのです。「死ぬ前に、蕎麦をどっぷりつゆにつけて食いてえ」と言った人を、池波正太郎は「ふざけてはいけない」と一刀のもとに切り捨てています。私もそう思います。

これは江戸のツユをまったく解ってない野暮な田舎者の台詞なんです。

次に「蕎麦はツユと山葵で食うもんだ」ときます。薬味には蕎麦にないビタミンCがあります。ここが「薬味のすすめ」の理由なのですが、それを漱石は知っていたのでしょう。『蕎麦全書』によりますと、江戸中期前までは辛味大根がよく使われていたようですが、中期以降は香り高い山葵が増えてきています。それは江戸の上品な蕎麦には辛味大根より香り立つ山葵が合っていたせいかもしれません。『吾猫』のころの山葵はとうぜん生山葵です。蕎麦の心地よいつるつる感と酷のあるツユの優しい旨味、それに山葵の涼し気な香りと静かな辛味、これがロンドン留学中に漱石が渇望していた日本の江戸蕎麦だったのです。

それから迷亭先生は、つるつると咽喉を滑り込ませると言っています。これこそが蕎麦麺の本質をついているところです。人間の脳は、つるつると滑り込ませた蕎麦とツユの匂い物質を嗅細胞《きゅうさいぼう》が受信して先ず匂いで美味しさを感じますから、漱石の論は科学的にも合っているわけです。ちなみに、今でいう〝喉越し〟は飲料水類の宣伝文句からきた言葉です。物体である蕎麦の場合は喉の滑りがいいというのが正解でしょう。

最後にもう一つ、ただし漱石ではなくて幸田文の助言です。幸田は「長い物はたくさんある時、きれいですが、一〜二本残ってくねくねしていると、いい気持のものではありません。」だから残さないように気持よく〝粋に美味しく〟食べましょうと注意しています。これは彼女の美学なんでしょうが、現代のフードロス論からみれば、地球の掟だといえます。

【蕎麦＋つるつる＝粋な味】

二 『エルゴと不倫鮨』

久々に面白い小説と出会いました。『注文の多い料理小説集』という企画自体も面白いところですが、そのなかの柚木麻子（１９８１〜）の『エルゴと不倫鮨』（２０１９年掲載）を紹介します。そもそも題名の「エルゴ」（抱っこ紐）と「不倫」という相反するような言葉の組合わせに作者の意地悪（失礼！深謀）が感じられるわけです。

さて、その小説をご紹介する前に、鮨には二つの流れがあることを申し上げておきます。一つは「散らし鮨」「海苔巻」、もう一つは「握り鮨」です。それを整理しますとこうなるでしょう。前者は、祭礼、誕生日、法事、入学、卒業など生活のなかの特別な日に食べます。作り手は素人。主に西日本で生まれ伝えられてきたようです。

後者は、日常生活のなかの食事の一つとして食べます。作り手は職人。江戸後期の江戸の屋台で始まり、庶民たちに人気が出ました。なぜ、この「前に」が必要かといいますと、柚木さんの小説の舞台が大理石のカウンターで銀の箸を使ってお鮨を戴くような高級店だからです。初めは下級層向けの屋台店だった。しがない鮨屋が見事に高級店へと変身したばかりか和食を代表する世界の鮨へと登り詰めたというところが、また面白いわけです。

小説はこう展開します。

ある外資系会社（外資系というのがミソなんですが）の部長が若くてきれいな女子社員を何とかしようと、わざとちょっとだけ難しい仕事を依頼し、完成したところで「ごくろうさん」とランチに誘ったりします。そんなことを何回か重ね、上司はいよいよリーチをかけます。誘ったのは、渋谷圏外の閑静な高級住宅街にある高級鮨屋です。店の名は「SHOUYA Marianne」、これが「江戸四大食」といわれた江戸の鮨屋の名前かと目が点になりそうです。会員制のイタリアン創作鮨だそうです。それになぜ渋谷圏外かといいますと、食事が終わってホロ酔いの女性とホテルに直行するのにちょうどよい距離だからというのです。それを知ってか、知らないでか、「わあ、こんな素敵なお店、私、初めてです」と若い女性は憧れの視線を部長に注ぎます。他の客は、いずれも美人の、秘書風とホステス風とその相手の男たち。どのカップルも、囁くような語らいの中にいますが、男たちは美しき獲物を前にしてゆとりがあります。なぜかといいますと彼らには獲物たちの舌をうっとりさせてくれるシェフという共犯者がついているからです。いいかえれば高級鮨店そのものが罠なのです。

ところが、そこへ赤ん坊をエルゴ紐にくくりつけた体格の良い中年女性が闖入します。「当店は会員でないお客様は…」とシェフが断っても、彼女は平気な顔で、オーナーと知り合いだから「確認してみたら」と言います。店の者がそっと電話してみると、どうもそうらしい。

中年女性は「先ず小肌に、ビール」と声をかけます。シェフは「当店は、グラスワインと鮨のマリアージュ（取り合わせ）を自由な発想で…」と言います。なにせシェフの目の前は不倫カップルだというのに、作者はマリアージュ（結婚）なんていう禁句をシェフに言わせていますから、ここにも作家の皮肉が感じられるわけです。

かまわず、中年女性は「あそう、冷たすぎる白ワインって、人肌の酢飯にあんまり合わないような気がするけど。えー、スーパータスカンのティニャネロがあるのね。」シェフは段々調子が狂ってきます。客も動揺しています。この店でボトルを入れたら、とんでもない値段なのを知らないのか…と代わって冷汗が出そうです。でも中年女性は事もなげに言い放ちます。「サンジョヴェ主体だからお鮨に合いますね。私が作って頂けそうなお鮨を考えますから、それを握って」。シェフは呆然と立ちつくしてしまいます。

中年女性が赤ワインを口にしますと、肌が朱に染まり、パサついた髪さえしっとりしてきました。

「帆立に醬油を塗って軽く炙り大葉で巻いて」。

「熟成したミモレットを薄く削って酢飯と握り、浅葱かシブレットを散らして」。

「生ハムを酢飯で握り、柚子胡椒を添えて」。

「わぁ、この人、めっちゃ食通じゃないですか」と店内の女性客たちは感動の眼差しです。しかし男たちはたまったものじゃありません。仕掛けた罠が壊されようとしているのです。

「あんた、この店にふさわしくないよ」。

「そうだ、ここは大人の社交場だよ」。

林真理子（1954〜）の『もっと塩味を！』（2008年刊）に、「パリの人たちは恋をするためにレストランに行くのだ。」という男女の会話が出てきます。レストランは恋の舞台だという見方もできるわけですが、話を「SHOUYA Marianne」に戻します。

このとき…、先ほどから考え込んでいた秘書風の美女がぽつりと言います。「大人の社交場じゃないでしょ。男のためのでしょ」。

美女たちも自分自身を見つめ直していたようです。全員が、まるでシャドウ・ワークから解放された主婦たちのように、赤ん坊を連れた中年女性の支持にまわったのです。それは現代版のドラクロアの「民衆を導く自由の女神」のような場面だったのかもしれません。

現在、街の美味しい店は女性たちに占拠されています。それは女性が〝美味しさに敏感〟だからでしょうか。それともこの事件をきっかけに男たちは美味しい店が苦手になってしまったのでしょうか。


【食べ物＋感性＝美味しい】

三　『天ぷらの味』

震災前の銀座は汐の香がして鷗が飛んで来る街で、いわゆる「江戸前の魚」は健在だったそうです。ですから、グルメ文学賞作家の神吉拓郎（１９２８～９４）によりますと、「東京の味」といえば、高級魚ではないけれど、目の前で獲れる新鮮な魚で成り立っていたといいます。

その神吉拓郎に『天ぷらの味』という小説があります。偶然に幼なじみの秋子と出会った二郎は、故郷の大森海岸の小さな天ぷら屋に誘います。店は古い木造家屋の表に、色褪せた暖簾が海からの風に揺れています。見た目にはぱっとしませんが、タネが良くて安いことで名が通り、遠方から客が来ることもあります。雌鯒《めごち》、沙魚《はぜ》などのタネは地元の漁師から仕入れています。揚げ方は決して洗練されているとはいえないところがありますが、野趣に富んで、なかなかの味です。店の常連客たちは「もともと天ぷらってものは、これが本筋でね」と大変満足しています。

老店主といえば口は重いのですが、いつも金箸を構えて、揚げ鍋の中を熱心に覗いています。と、老店主の持つ箸が手早く動いて、才巻が揚がります。秋子は、綺麗に箸を操って、口へ持って行きます。そして一呼吸あって、「…おいしい」と声をあげます。

作者の神吉は、その「呼吸がいい間合いだ」と述べています。映画監督の武智恵鉄二は〝粋〟は〝息〟だと言っています。ですから、この〝呼吸が江戸っ子の美味しい食べ方〟なのでしょう。これだけの内容の小説ですが、幼なじみとの、故郷の味の描写はこれで充分ではないでしょうか。

【天ぷら＋息＝粋な味】

四　『鰻』

一種の「民俗学的小説」があります。高樹のぶ子（1946〜）の老人と鰻の交流物語『鰻』です。

主人公の松吉は第二次大戦の帰還兵です。彼はニューギニアの戦地で炸裂した爆弾で聴覚を失いながら、戦地では戦友のほとんどが戦死したのに自分は生き残ることができて、今は故郷で息子夫夫婦と孫と静かに暮らしています。

松吉が住む村には「イチジクダブ」と呼ばれる大きな池がありました。畔にはイチジクの木が生えています。「ダブ」というのは池のことですが、その池にドンコや鮒や大きな鰻が棲んでいるというのです。失礼ながら作者と小生は、だいたい同じ世代でかつ北部九州出身ですので、文章のなかに懐かしさが見えてきます。

たとえば、作者は小説のなかで池の畔に茂っているイチジクは西洋種だと断っていますが、私も子供のころの学校の先生が「イチジクは江戸時代に天草に伝わって来ました、それが今の在来種です。濠端のイチジクは、その後に伝来した西洋イチジクの実です」と話してくれたことがあったのです。その先生は天草出身だったので天草のことをよく話してくれました。

ドンコは西日本や朝鮮半島の池や川に棲んでいる魚ですが、子供たちでさえ多少バカにしているところがあって、釣れてもすぐに捨てていました。それに比べると鮒はまあまあで、めったに捕まえることのできない鰻なんか捕れたときはみんなに一目おかれていました。そんなこともすべてが私の世代にとっては懐かしい風景です。「民俗学とは、地域の思い出」だともいいますので、これこそ北部九州の「民俗学的小説」だと思うわけです。

さて、この村での松吉と鰻の付合いは70年以上も及びます。村では、このダブで死んだ子が鰻になって棲みついていると言われていました。そんな恐ろしい話も、子どもたちにとっては冒険心となり得ます。松吉ら3人の子は「じゃ、鰻を退治してやろう」と、苦闘の末に捕まえます。戦利品を持ち帰ったところ、父親は喜び「明日、食べよう」と言います。しかし溺れて死んだ子の敵討ちをしたつもりの少年は違和感をいだいてしまい、真夜中になってその鰻を逃がしてやります。

長じて、戦地へ向かうとき、松吉はダグへ行きます。すると鰻が友人のように感じられ、還りを待っていてくれるような気がしてきましたが、その予感通り松吉は奇跡的に生還することができて、残りの人生を平凡に過ごします。

ところが8年前、ちょうど70才を迎えたときでした。孫とダブに遊びに行きましたが、ちょっと目を離した隙に下の孫が溺れてしまいました。松吉はダグに飛び込んで何とか孫を助けましたが、自分は水を飲んで気が遠くなってしまいました。気がつくと一命を取り戻していましたが、あのときは大鰻が背中を持ち上げて助けてくれたのだと確信しています。

ある年の豪雨の日、78才の松吉は鰻が心配になってダグに行って水面に声をかけます。

「あのときはありがとう」

「長生きできてよかったな」

「こっちはそろそろおしまいだが、そっちはどれくらい生きるんだ」

「二〜三百年はザラだな」

「ザラか」

「人目に見つからないように隠れていれば二、三百年は。水底はあちこちで繋がっているもんでね」

「本当か」

「地球は水のかたまりなんだから」

松吉は嬉しくなって、自分までもが広々とした世界と行き来できるような気がしてきました。


鰻の生態は十分に解明されてはいません。それでも人間と鰻の付き合いは長いことも事実です。イエス・キリストの最後の晩餐は鰻料理だったという説もありますし、日本では『万葉集』に「牟奈岐《むなぎ》」という言葉が出ています。

したがいまして、作者が創作した物語のようなことは世界各地で聞かれるかもしれません。また鰻料理も様々ありますが、日本では何といっても「蒲焼」です。「蒲焼」自体の名は14世紀ころから見られますが、それが今の蒲焼と同じかどうか分かりません。一説によりますと、関東のヒゲタ醤油が濃口醤油を開発してからという話もありますが、これはあの強烈な垂れの匂いを嗅いでいますと、理屈に合っていると思います。それにしましても蒲焼というのは日本で珍しい料理だと思います。

なぜかといいますと、日本は《焼く料理》は少なく、主流は《生の料理》と《煮る料理》なんです。そのうえに食べ物に香りは大切な要素ですが、和食にはあれほどまでに強烈な香りがする物は他にありません。それに美しい飴色も魅力的です。よって蒲焼は和食のなかでは唯一奇妙な食べ物と言ってもいいと思います。でも、鰻を蒲焼きするとき立ち上がる垂れの香ばしさはやっぱり堪りません。それでいて、さらにこうした民俗話に接することで、もうひとつ〝豊かな味覚〟を知ることができるのです。

【食べ物＋民話＝豊かな味】

六の膳　お茶にしましょう

作家の遠藤周作（1923～96）に「樹の下で茶を楽しむ」という随筆があります。

幼いころ大連（中国）で育った遠藤は、大木の枝に鳥籠をぶら下げて、老人が茶を啜っていた光景が忘れられないというのです。

長じて小説家になった遠藤は、サマルカンド（ウズベキスタン）を旅行したとき、また同じ光景を見たそうです。大きな棗《なつめ》の樹に鳥籠をぶら下げ、やはり老人が茶を啜っていたそうです。

その後、台北（台湾）の街で、いい茶をゆっくり飲ませてくれる店に入ったところ、そのお茶の味がまた微妙なこと（こまかく優れていること）、舌の先から奥まで何とも言えぬ香りと味が広がっていったその瞬間、「あ、、これなんだ。あの日、老人たちが飲んでいた茶は」と思ったものだ、と述べています。

遠藤の生涯を通してお茶を見てきたこの随筆は絵のようです。一人の人間が生きてきた慎み深い道が見えます。その時の安らかさに小さな幸せがあります。

お茶を美味しく頂くためには、こうした安らかな心と平穏な日常が欠かせないというところにあると思います。ただ遠藤の話は中国茶です。日本の場合はどうでしょうか。

一　日本のお茶

「樹の下で茶を楽しむ」

日本のお茶は緑茶ともいわれます。葉をとったあとに蒸して発酵しないようにした不発酵茶で、うま味のある茶です。

緑茶の主流は抹茶と、煎茶と玉露です。

抹茶は茶道として利休が完成させました。

急須で出す煎茶は永谷宗円や山本嘉兵衛らによって一般的になりました。そして煎茶の「中興の祖」といわれています江戸後期の小説家上田秋成（1734〜1809）がこんな言葉を遺しています。

「もう何も出来ぬ故、煎茶を飲んで死をきはめてゐるばかりだ」

私には、遠藤周作が出会った老人たちと上田秋成の景色は同じに見えます。そもそもが食の目的というのは、（1）動物として生きるための糧、（2）人としての栄養摂取、（3）そして人間としては美味を求めてのことでしょう。しかし、わたしたちが飲んでいるお茶にはどういう意味があるのでしょうか。

お茶類の初めは薬の役割や宗教性があったかもしれません。しかし今は身体的に渇きに応じることはもちろんですが、先の遠藤の随筆には〝やすらぎ〟が感じられます。上田の言葉からは〝潔さ〟が伝わってきますが、もう少し見てみましょう。

1　武士の茶会『鞆の津茶会記』

茶道における茶会は多くの歴史的記録があります。なかでも江戸時代の松屋三代（久政、久好、久重）の茶会記録は有名です。これを『松屋会記』といいます。そのなかの久好の茶会記（1586〜1626年）の、大和国の郡山城（奈良県大和郡山市）の家老奥平金弥に招かれた茶会を見てみます。

時は元和8年（1622年）12月4日のことです。招かれたのは、奈良奉行の中坊左近秀政、興福寺一乗院の坊官（職員）中沼左京、興福寺一乗院の坊官別所宮内卿（次兵衛）、そして辻七右衛門と、松屋久好の5名です。

朝の茶会は4時から郡山城で行われました。そのときは城主の松平下総守忠明（1

583～1644）が亭主をつとめています。夕方は4時から、郡山城の主席家老の山田半右衛門宅での茶会が予定されていました。ところが、昼に5人は家老の奥平金弥宅に招かれたのです。予定外のことでしたが、その記録が下記です。

一山長文字　軸ワキニ青地ノキヌタニ

梅・ホケ入　尻フクラ

染付茶碗　古黄瀬戸水指　メンツ　引切

日野うどん　又蕎麦切　肴色々　菓子餅・栗・牛蒡

この茶会では、蕎麦切が後段（最後に出す飲食物）として振る舞われた会として、蕎麦通たちの注目を集めています。

ただ、『松屋会記』は出席者と膳の記録だけです。出席した者たちの様子までは分かりません。

想像力豊かな小説家なら何かしら描くことができるかもしれません。たとえば井伏鱒二（1898～1993）の『鞆ノ津茶会記』などは大変参考になります。

鞆ノ津というのは岡山県福山市鞆町《ともちょう》のことですが、そこの鞆ノ津城や、安国寺などで戦国末期に催された茶会のことを描いてあるのです。

出席者は小さな山城の城主とか、水軍の旗頭とか、殿の影武者とか、地方の武士ばかりですが、茶会席における彼らの座談が披露されています。あるときは没落した名門の佐々成政《さっさなりまさ》の人物評、あるときは備中高松城の水攻めの際の内紛、そうして関白秀吉がぼけ老人になってきたようだとか…、それは放談の場なんかではなく、茶会の席が自分たちの身にも影響する貴重な情報収集の場であったことがうかがい知れるのです。

そうしますと、戦乱が収まった徳川政権下の郡山城における、治世者とそれに協力する者たちの茶会では、大和国の経営、あるいは徳川政権の安定策を相談し合っていたのでしょうか。現に、松平忠明は後に、江戸幕府の宿老として幕政に重きをなすようになったのです。

どうやら、日本の武家の茶会とは、茶室への想い、名品の茶道具、茶の点て方の技、茶の味、そしてそれらを包み込んだ形の情報交換の場だったようです。

2　茶道教室『日日是好日』

しかしながら、上の茶会は封建時代の話です。現代ではどうでしょうか。その問に対する、打って付けの読物があります。森下典子（１９５６年〜）の『日日是好日――「お茶」が教えてくれた15のしあわせ――』です。

作者は大学生のころ茶道教室でお茶を習い始め、それから25年間、庭に面した静かな部屋に入り、畳に座って、お湯を沸かし、お茶を点てて、それを飲むことを繰り返してきました。その記録ですから、私小説のようなものでしょう。しかし読んでいて、不思議な魅力に引き込まれます。なぜかといいますと、一読して思ったのは、これはお茶の手引書だということです。書かれているようにすれば、お茶が点てられるような気がしてきます。さらに読み進めていくにしたがって、これはお茶の手引書を越えていると思えてくるのです。

そこで改めて目次を見てみますと、副題の――「お茶」が教えてくれた15のしあわせ――が箇条書のように整理されています。

第一章　「自分は何も知らない」ということを知る
第二章　頭で考えようとしないこと
第三章　「今」に気持ちを集中すること
第四章　見て感じること

第五章　たくさんの「本物」を見ること
第六章　季節を味わうこと
第七章　五感で自然とつながること
第八章　今、ここにいること
第九章　自然に身を任せ、時を過ごすこと
第十章　このままでよい、ということ
第十一章　別れは必ずやってくること
第十二章　自分の内側に耳をすませること
第十三章　雨の日は、雨を聴くこと
第十四章　成長を待つこと
第十五章　長い目で今を生きること

とくに森下は雨が好きなのか、雨の日や梅雨の日のお茶を楽しみ、また大事にしています。こうして彼女は5季折々に庭に面した静かな部屋へ入って、お茶を点て、それを飲むことを続けてきました。この繰返しが五官で五季とつながる訓練となっているのですが、目的があっての訓練ではありません。そのこと自体が「今をしっかりと生きる」ことになるのだと思います。それが「お茶が教えてくれた15のしあわせ」ということなのでしょう。

3　日常茶飯事

五季のある日本では、お茶にも季節があります。

たとえば初夏は新茶の季節でもあります。匂いに敏感だった小説家の田山花袋（1872～1930）は、新茶の香りは初夏の感じを深くさせるものと述べ、食に関心が深かった岡本かの子（1889～1939）も新茶について、晴々しい匂いがするし、茶というよりも若葉の雫を啜る感じがすると言っています。

新茶でなくても、手ずから急須で淹れた緑茶の雫には、うま味が閉じ込められています。それは工場製の飲み物とは全く違うものです。日常いただいているお茶もご飯も、均一化に抗ってこそ美味しさが味わえるものではないでしょうか。

作家の赤瀬川原平（1937～2014）に「遠くを見るお茶」という随筆があります。お茶というのはどうしても飲むとき遠くを見たりすると述べています。美味しい食べ物やお茶は、単なる燃料補給ではありません。人間にとって大切な食事を燃料補給化したり、均一化しようとする世俗に抗うためにも、遠くを眺めてみるのは一考かと思います。

【遠くを見る】

二　怖い童話

最後にお茶請けとして童話を添えたいと思います。ただしそのお味は甘いものではありません。怖い味がします。

1『注文の多い料理店』

宮澤賢治（1896〜1933）の『注文の多い料理店』は名作として知られる作品です。

狩猟が趣味の若い紳士が山中で道に迷いました。歩き疲れた2人は「西洋料理店山猫軒」というレストランの前に出ます。玄関にはこう書いてありました。

「どなたもどうかお入りください。決してご遠慮はありません」2人は店の中に入ります。

「當軒は注文の多い料理店ですからどうかそこはご承知ください」

「お客さまがた、ここで髪をきちんとして、それからはきものの泥を落としてください。」

テーブルに着く前にいろいろと注文が書いてあります。

「帽子と外套と靴をおとりください。ネクタイピン、カフスボタン、眼鏡、財布、その他金物類、尖ったものは、ここに置いてください」

読者も一緒に進んで行きます。

「壺のなかのクリームを顔や手足に塗ってください。」

二人は…、そして読者も、おかしいな！と思い始めました。次に「香水をかけてください」と言われた、その香水は酢の匂いがします。

そこで初めて二人は気づいて、遁げ出しました。食べる側のつもりが食べられる側だったという恐ろしい童話ですが、構成が巧みなので、最後に解るという怖い童話です。話が個人的なことになって恐縮ですが、ある年にわが家の庭の木の股に鵯が巣を作って卵を産み、２週間ほど抱いたら雛が生まれました。鵯は花や木の実などを食べる憎い害鳥ですが、この雛誕生ばかりは感動ものでした。しかしこの感動は鴨の立場のものですが、花の立場から見れば、敵がまた増えたわけです。

この宮澤童話の「食べる側と食べられる側」の逆転の発想は、日頃の彼の農業体験からきているものと思います。

すなわち「食べる側」にも「食べられる側」にも生命があることを忘れてはならないということだと思います。

【食べる側＝食べられる側】

写真12　注文の多い料理店「山猫軒」（ほしひかる作）

2『試食の人』

魯迅《ろじん》の『阿Q正伝』のような哀れな話があります。森絵都（1968～）の『試食の人』という小説です。「…のような」と言いましたのは、二作品（『阿Q正伝』、『試食の人』）とも主人公と作者（魯迅、森絵都）以外の書き手（僕、明太子屋の店主）が登場していることと、書き手が、どうしても主人公の半生について書き留めておきたいと思ったということから始まっていることです。そのこと自体が筆者（ほしひかる）には小説として面白い試みだと思ったのです。

『試食の人』の書き出しは、「無職の人であり、試食の人であり、試食が主食の人でもあった丹崎城二郎。昨年11月に他界した彼のことを、私はある使命感をもってここへ書き留めておきたいと思う」という文から始まり、話は続きます。試食の人丹崎は全国のデパートはもちろん、山村のスーパーや、果樹園や野菜畑まで試食が行われている所は何処へでも顔を出します。

お菓子のかりんとうもドリンク類も何でも試食します。そして食べたからには、味にうるさい男ですから一言二言批評も口にします。帰り際に手土産代わりに食べ物を渡されても彼は受け取りません。それなのに「試食荒し」と見られることもありますが、彼は味を試す、いわば試食道にのみ徹して過ごしてきました。しかしやがては積年の放浪の疲れと栄養失調で身体が衰弱していきます。そして彼が最後に口にしたのは明太子でした。「あまり辛くない」。これが最期の言葉でした。

書き手である明太子屋の店主は、自社製品をよくいわれなかったというのに、これも何かの縁と思って丹崎城二郎について書き残すことにしたというのです。この短編が発表されたのは2000年です。「飽食の時代」とよばれたのは1980年代からでしょうか。小説の主題であります「試食の人」もあるいは「試食荒し」すらも、所詮は飽食の時代の鬼子だったと思います。作者の森は、丹崎の生き様と飽食の時代を重ね合わせ、時代の墓標を建てたのだと思います。

【飽食＝死】

3 『いただきます ごちそうさま』

個人的な意見のお話です。久しぶりにある街に行きました。東京でもわりあい有名な街です。ある人との約束は午後からになっていましたので、昼食をとる店を探しました。食事をするときはできるだけ訪問先の地というのが私流です。なぜならそれによって、何となくその街の理解につながるかもしれないからです。「何となく」などと言いますと、「漠然としていてよく分からない」と突っ込んでくる人がいますが、昔から「そこはかと（何となく）」などと和歌で歌われているくらい、日本人の立派な感性語だと思います。

ところで、昔の駅周辺には、家族で営むいわゆる〝街〟の蕎麦屋、鮨屋、鰻屋、天麩羅屋、喫茶店、定食屋、洋食屋からはては床屋、銭湯、映画館までありました。池波正太郎（１９２３〜９０年）はじめたいていの作家が地元に〝力〟があったと証言しています。

『孤独のグルメ』の主人公井之頭五郎は、そういう地元ならではの店を見つけ出して食べていますが、最近はそうもいかなくなりました。先ず天麩羅屋と定食屋が駅前から消えました。そして鮨屋、喫茶店、鰻屋がなくなり、替わって鮨、カフェ、ハンバーガー、牛丼、ラーメンのチェーン店やコンビニ店の看板がひしめき合うようになりました。大きな街ほどそうですから、どの街も判で押したような光景になりました。何年ぶりかに訪れたこの街もすっかり変化していました。周辺を回っても入りたい店がないので、最後にこの大きなカフェに入ってパスタを食べた後、コーヒーを飲みました。赤瀬川はお茶を飲むとき遠くを見たりすると言っていますが、ビルの中のカフェではそれはできません。ですから手元のコーヒーを見つめました。味は中の下くらいでした。変貌した街にがっかりしたせいでしょうか、これまで美味しさを追究してきたのに、現在の日本の心配な点が頭を過りました。

心配事というのはやはり社会の均一化です。コンビニ弁当、カップ麺、チェーン店の牛丼のことを「貧者の美食」と言ったのは政治学者の白井聡（１９７７年〜）ですが、それはどちらかといえば男性好みなので、筆者はこれにチェーンの、カフェ店のパン、サンドイッチ類やハンバーガーを加えています。それらの店はランチタイムになると女子社員で満席になっています。

チェーン店商品は、一概にはいえないかもしれませんが工場製の大量品と同じです。多様な食材を選択し単数に集中させて合理化するわけですから、味の単一化を招くことはスローフード運動の主張どおりです。そして切り方、煮方、焼き方、盛り付けなどの調理技術が不要の、バイトでできる商品です。味が単調で味気ない商品、言い換えれば感性のない食べ物ですから「貧者の」といわれるわけです。

そんな商品がいっぱいの昼時の賑わいを見ていますとあさのあつこ（１９５４年〜）の絵本『いただきます ごちそうさま』を思い出します。絵本は絵本でも怪談です。子供が何でも食べてどんどん大きくなりなさいと言われて、野菜でも何でも食べて大きくなります。はては吠える犬やいじめる友だちやパトカーまで食べてしまい、またまた大きくなるという怖い話です。

これを読んで筆者はテレビの大食い番組を連想しました。大食いの人たちやこの童話の子供が人類の姿ではないだろうか、このままいくとわたしたちは地球まで飲み込むのではないか、そんなことを想像し、そら恐ろしくなって絵本を閉じてしまったことがありました。

日本人は、古代から《生の料理》《切る料理》が得意でした。それに日本人は、海外から伝来したものでも、日本の、蕎麦、握り鮨、天麩羅、すき焼き、カレーライス、とんかつとして完成させた実績をもっています。そういう食文化をもった国でしたが、現在の食には感性、あるいは日本らしさが見られません。日本語文をわざわざローマ字変換してから書くような異質感があります。日本語（やまと言葉や漢字）の背景には、おのずから履歴があります。ローマ字はその日本の履歴を消去してしまっているのですが、そういう異質感です。

日本の食はたいてい生鮮食品が主となっています。その生鮮食品売場があるのは昔は商店街、今はスーパー、デパ地下です。普通コンビニにはありません。ですから生鮮食品売場面積が広いうちはいいでしょうが、狭くなりだしたら「日本もいよいよ危ない」と言ったのも白井です。

中国ではコンビニのことを「便利店」といいます。北京空港で初めて見たときピッタリの訳語だと感心しながら、かつて筆者に経営のイロハを教えてくれた某社の会長（故人）のことを思い出しました。会長は「便利勘弁、横着」という言葉が得意でした。勘弁はリズム感から加えただけでとくに意味はなかったのでしょうが、便利と横着は紙一重だというのです。便利とは都合のよいこと、横着とは怠けることです。ですから便利さに慣れたらいつのまにか横着になっているから気をつけなさいという意味でした。最近はコンビニ弁当やハンバーガーまでデリバリーするようですから、まさにナマケモノ状態です。どうやら日本の社会は、度々本稿で申し上げています「美味しさとは均一化に抗うこと」と反対の方向に進んでいるようです。

歴史は動きますが、歴史が方向をもっているわけではありませんので、発展の方向に進むばかりとはかぎりません。人文学者ウンベルト・エーコは『歴史が後ずさりするとき 熱い戦争とメディアのポピュリズム』で、歴史は後退もすると述べています。海老は前を向いたまま後へ跳ね（後退）ますので、これを「海老の後ずさり現象」というのだそうです。海老が大好きな日本人には嫌な比喩《ひゆ》ですが、後退号令の笛を鳴らしているのは、横着心をくすぐる広告だと思います。なかには誇大な表現の広告もありますが、それに導かれた日本人は一斉に後へ飛び跳ねているのです。

磐鹿六鴈、多治見貞賢、栄西、道元、利休らの優れた感性が美味を創り上げたのは史実です。このため日本は自信をもっていました。しかし現在の日本が感性なき均一化に向かっていることも事実です。白井の「日本人の感性が危ない」という声が聞こえそうです。

現在のわたしたちは、〝何か〟を取り戻して、何を、どう食べて、どう生きればよいのかを検討する時だと思います。その〝何か〟の一つとして感性ということがあるかと思います。

【感性→美味→自信】

4　『そばのはな さいたひ』

こんなに胸を打たれた童話は初めてです。こわせたまみ（1934年〜）の『そばのはな さいたひ』といいます。子兎が山の畠を走っていました。真っ白い蕎麦の花が、さらさらと風に揺れている所に出ますと、向こうから子守歌も流れてきます。

「♬ねんねんころり おころりよ おころりやまの こうさぎは…」

お母さんが赤ちゃんにお乳をあげながら歌っていたのです。子兎もとろんとしてきました。それから子兎は毎日、畠にやって来ました。お母さんは樹の蔭に赤ちゃんを寝かせて畠仕事をやっています。そしてお昼になると、赤ちゃんを抱いて歌います。

子兎は思いました。「お母さんっていいな」。

そのときです。

「ズズーン！」とお腹に響くような音がして、麓で土煙が上がりました。

「人間が山を崩してダムを造るんだ」と、鳥たちが騒いでいます。

子兎は「あんなに優しいお母さんと同じ人間が山を崩すなんて…」。

お母さんは慌てて山を下りて行きました。後を見ますと、赤ちゃんの帽子が落ちています。子兎は帽子を拾ってあげて、お母さんが取りに来るのを待っていました。

でもお母さんはなかなか来ません。工事が激しくなってきたので山の動物たちも引っ越していきましたが、子兎はお母さんを待っていました。

数ヶ月したある日のこと、蕎麦の花道ができていました。お母さんが慌てて山を下りたとき蕎麦の種が落ちて、花が咲いていたのです。

子兎は「そうだ。あの花道を行けばお母さんの所へ…」。子兎は走りました。赤ちゃんの帽子をしっかり握って。

「ズズーン！」山を崩す大きな音が辺りを震わせました。それっきり、子兎の姿は見えなくなりました。

日本の経済は１９９５年から老化を迎えたと世界から見られています。現にGDPが３位の中国に抜かれたのが２０１０年、それから年を追うごとに大差が付いて、もう奇跡が起きない限り取り戻せないところまできています。

日本の場合の責任は、先ず１９８０、９０年代に第一線にいた政治家、財界人、経済紙（誌）の感性の喪失によるものと思います。それゆえに１９８０年代は空白の時代といえます。

その象徴が「ズズーン！」と山を崩す大きな音です。これによって日本古来の感性ともいえる「花鳥風月」が壊され、土も植物（蕎麦）も動物（子兎も母児も）行き場がなくなり、さらに日本人は自信も喪失してしまったのです。
筆者は「花鳥風月」とは植物や動物などが生きる地球そのものだと理解していますが、こわせたまみの童話は、地球の生命を爆破するという愚挙を糾弾するかのように1985年に上梓されています。2020年代の今、この童話を読みなおして花鳥風月と食の関係を再構築する時だと思います。

【花鳥風月＝生命→食】

◇ごちそうさまでした

日常、わたしたちは、食事をする前と後に「いただきます」と「ごちそうさま」を言っていますが、実はこれは不思議な挨拶なのです。

なぜかといいますと、食事前後の挨拶というのは外国ではあまりみられない、日本だけの習慣です。それにこのような礼儀習慣がいつから全国的になったかがはっきりしないのです。一説によりますと、日本人がこれを始めたのは明治になってからだとか、戦前ぐらいだとかといわれていますが、そんなに古いことではないようです。

ただこれほどまで定着したのは、日本人の倫理観にとても合った言葉だったからと日本文化史・茶道史学者の熊倉功夫（1943年〜）は言っています。遡りますと、鎌倉時代の道元が確かにそのような指導をしています。

「料理の哲学者」ともいわれています道元は、『赴粥飯法《ふしゅくはんぽう》』に典座が調理してくれた食事を頂く心得として、食前の祈り、五つの瞑想、食後の祈りを示していますから、禅宗を好んだ武家を通して日本人の倫理観として育まれていったことは想像できると思います。そんな風に考えますと、道元という人はたいしたものだと思います。宗教界において、食事を作る重要性と、それを食べる心得を述べるという、それは現在の食の思想の代表である「スローフード宣言」より遙かに先取的なことだったのです。それを思えば、まるで月の裏側に光を当てるような独自な視点なのです。ですから道元の書と、日本人の「いただきます。ごちそうさま」の美風は世界の財産だといえます。

こうして定着した美風の意味や謂れはいたるところで語られています。もちろんそれは知っていて損はありませんが、そうでなくても挨拶を交わすことによって互いの気分がよくなることをわたしたちは経験からよく知っています。よい気分は主観的幸福感をもたらし、食べ物を積極的に迎え入れてくれます。ですから「おはよう」、「ただいま」、「ありがとう」などの毎日の挨拶言葉のひとつとして、「いただきます」「ごちそうさまでした」を実践した方が食事に対しても満足感をいだくことができ、美味しさを感じるものだと思います。なぜなら味わうのは人間自身だからです。まさに「我感じる、ゆえに我あり」といったところではないでしょうか。

したがいまして、拙稿の締めとしましても「ごちそうさまでした」がふさわしいだろうと考えた次第です。

最後になりましたが、この本の上梓につきましては、前作の『新・みんなの蕎麦文化入門』同様、アグネ承風社の朝倉健太郎先生（東京大学 工博）の叱咤激励をいただきながら原稿完成につとめました。心よりあつく御礼申し上げます。

２０２２年11月30日

ほしひかる

参考資料

・武田竜弥「感性への社会学的アプローチ」（感性工学研究論文集）
・今田純雄編『食べることの心理学』（有斐閣選書）
・辰巳芳子『いのちと味覚』（ＮＨＫ出版新書）
・クロード・レヴィ＝ストロース『月の裏側　日本文化への視覚』（中央公論社）
・鈴木隆一『日本人の味覚は世界一』（廣済堂新書）
・大野晋『日本語の年輪』（新潮文庫）
・柳田国男『毎日の言葉』（新潮文庫）
・ミッシェル・セール『五感 混合体の哲学』（法政大学出版局）
・群ようこ『かもめ食堂』（幻冬舎文庫）
・村田沙耶香『コンビニ人間』（文春文庫）
・村田沙耶香「素晴らしい食卓」（河出文庫『生命式』）
・若林恵『さよなら未来―エディターズ・クロニクル２０１０‐２０１７』（岩波書店）

・玉村豊男『料理の四面体』（文春文庫）
・クロード・レヴィ＝ストロース『神話の論理　生のものと火を通したもの』（みすず書房）
・クロード・レヴィ＝ストロース『神話の論理　食卓作法の起源』（みすず書房）
・クロード・レヴィ＝ストロース『レヴィ＝ストロースの世界』（みすず書房）
・全国調理師養成施設教会編『調理用語辞典』（紀伊國屋書店）
・『日本書紀』（岩波文庫）
・『料理物語』（教育社）
・『四條流庖丁書』（『群書類従』第19輯）
・ほしひかる『小説「四條流庖丁書」』（『日本そば新聞』）
・魚谷常吉『味覚法楽』（中公文庫）
・辻嘉一『滋味風味』（中公文庫）
・小山裕久『右手に庖丁、左手に醤油』（文春文庫PULAS）
・辻芳樹『感動和食の味わい種明かし帖』（小学館）
・うすいはなこ『干物料理帖』（日東書院）

・前田安彦『新つけもの考』（岩波新書）
・菊地寛『納豆合戦』（新潮文庫）
・吉川英治『醤油仏』（講談社『吉川英治全集』）
・宮本輝『にぎやかな天地』（講談社文庫）
・荒俣宏『男に生まれて』（朝日文庫）
・ほしひかる「日新舎友蕎子著『蕎麦全書』を解く～江戸ソバリエの教科書～」
http://www.edosobalier-kyokai.jp/pdf/202112hoshi_zensho.pdf
・ジェームス三木脚本『澪つくし』（ＮＨＫ）
・井伏鱒二『コンプラ醤油瓶』（角川春樹事務所）
・ほしひかる「名探偵と蕎麦～探偵小説にみる東京蕎麦屋小史」
http://www.edosobalier-kyokai.jp/pdf/hoshi_tantei.pdf
・平岩弓枝『女と味噌汁』（集英社文庫）
・村上龍『インザ・ミソスープ』（幻冬社文庫）
・ハロルド・マギー『マギー キッチンサイエンス』（共立出版）
・小暮夕紀子『漬物大明神』（ふくろう出版）

・丹羽文雄『庖丁』（毎日新聞）
・『日本書紀』（岩波文庫）
・清少納言『枕草子』（岩波文庫）
・近藤弘『日本人が求めたうま味』（中公新書）
・黒木瞳「寿司屋」（角川文庫 詩集『長袖の秋』）
・呉善花『ワサビの日本人と唐辛子の韓国人』（祥伝社文庫）
・安部公房『なわ』（新潮文庫）
・古田紹欽全訳注『栄西 喫茶養生記』（講談社学術文庫）
・ほしひかる『小説「喫茶養生記」』（『日本そば新聞』）
・中村璋八・石川力山・中村信幸全訳注『道元 典座教訓 赴粥飯法』（講談社学術文庫）
・ほしひかる『小説「典座教訓」』（『日本そば新聞』）
・池田知久訳『老子』（講談社学術文庫）
・『慕帰絵詞』（中央公論社）
・辻嘉一『滋味風味』（中公文庫）

・ルイス・フロイス『ヨーロッパ文化と日本文化』（岩波文庫）
・立原正秋『美食の道』（グルメ文庫）
・中谷美紀『ないものねだり』（幻冬社文庫）
・『利休にたずねよ』（山本兼一原作：田中光敏監督：小松江里子脚本）
・郷静子『れくいえむ』（文春文庫）
・長田弘『食卓一期一会』（ハルキ文庫）
・伏木亨『人間は脳で食べている』（ちくま新書）
・若林恵『さよなら未来　エディターズ・クロニカル２０１０－２０１７』
・宮本武蔵『五輪書』（岩波文庫）
・『角川　古語大辞典』
・栗山善四郎『江戸流行　料理通』（教育社）
・夏目漱石『吾輩ハ猫デアル』（大倉書房）
・幸田文・青木玉『幸田文　台所帖』（平凡社）
・サラ・ウォース『食の哲学』（バジリコ出版社）
・佐々木健一『日本的感性の特性』（中公新書）

・ＮＨＫ『地球ドラマチック』「太古のミステリー　残された骨の謎」
・立花隆『サル学の現在』（文春文庫）
・ホメーロス『イーリアス』（第九巻）
・『今昔物語集』（光文社文庫）
・川上弘美『神様』（中公文庫）
・柳田国男『木綿以前の事』（新潮文庫）
・柳田国男『明治大正史世相篇』（講談社学術文庫）
・吉本ばなな『キッチン』（新潮文庫）
・柚木麻子「エルゴと不倫鮨」（文春文庫『注文の多い料理小説集』）
・重金敦之『メニューの余白』（講談社文庫）
・Ｉ・イリイチ『シャドウ・ワーク』（岩波現代文庫）
・神吉拓郎「天ぷらの味」（光文社文庫）
・神吉拓郎『たべもの芳名録』（文春文庫）
・河北倫明「近代における伝統――いきの問題――」（現代教養文庫）
・高樹のぶ子『鰻』（『オール讀物』１９９５年）

・宮沢賢治『注文の多い料理店』（日本近代文学館）
・森絵都『試食の人』（集英社文庫）
・あさのあつこ『いただきます ごちそうさま』（岩崎書店）
・ウンベルト・エーコ『歴史が後ずさりするとき 熱い戦争とメディアのポピュリズム』（岩波現代文庫）
・こわせたまみ作の『そばのはな さいたひ』（佼正出版社）
・遠藤周作「樹の木で茶を楽しむ」（文春文庫）
・上田秋成『胆大小心録』（岩波文庫）
・千宗室「松屋会記」（淡交新社『茶道古典集』）
・井伏鱒二『鞆ノ津茶会記』（福武文庫）
・森下典子『日日是好日―「お茶」が教えてくれた15のしあわせ―』（新潮文庫）
・田山花袋『新茶のかおり』（佐久良書房）
・岡本かの子『新茶』（冬樹社）
・赤瀬川原平『ごちそう探検隊』（ちくま文庫）
・島村菜津『スローフードな人生！』（新潮文庫）

・ステファン・W・ポージェス『ポリヴェーガル理論入門』（春秋社）
・辰巳芳子『味覚日乗』（ちくま文庫）
・白井聡『武器としての「資本論」』（東洋経済）

2022年11月

●著者紹介
ほしひかる
1944年生、佐賀市出身。製薬会社、およびにその関連の医療情報会社の常務、健康商品会社の代表取締役を歴任。退社後は広報関係会社、化粧品会社の顧問。現在は特定非営利活動法人江戸ソバリエ協会を自ら設立、理事長。他に、深大寺そば学院講師、武蔵の国そば打ち名人戦の審査員、雑誌のエッセイ連載などで活躍中。
・著　書
江戸ソバリエ著『至福の蕎麦屋』（ブックマン社）、江戸ソバリエ協会編『江戸蕎麦めぐり（幹書房）、ほしひかる＋江戸ソバリエ『お蕎麦のレッスン』（高陵社書店）、ほしひかる＋江戸ソバリエ『蕎麦王国埼玉』（高陵社書店）、江戸ソバリエ協会編『新・神奈川のうまい蕎麦64選（幹書房）、幹書房編『新・埼玉のうまい蕎麦64選』（幹書房）、山口雅子著『静岡・山梨のうまい蕎麦83選』（幹書房）、そば遊楽隊編『休日の蕎麦と温泉めぐり』（幹書房）、片倉英統著『ライフスタイルとしての蕎麦屋』（幹書房）、『新・みんなの蕎麦文化入門』（アグネ承風社）など、他にも編集協力など多数。
・テレビ出演
「解体新ショー」（NHK）、「にっぽんの芸能」（NHK・Eテレ）、「トラッド・ジャパン」（NHK・Eテレ）、「その時 味が動いた！」（BSフジ・フジテレビ）、「テンション上がる会？」（テレビ朝日）、「幸福の一皿」（BS朝日」、「この差って何ですか？（TBS）」、「Nスタ」（TBS）、「ZIP!」（日本テレビ）など。

小説から読み解く和食文化
（アグネ承風社サイエンス012）

2022年12月12日　初版第1刷発行

著　　者　ほし　ひかる
発 行 者　朝倉健太郎
発 行 所　株式会社　アグネ承風社
表紙デザイン　北嶋　順
〒178-0065　東京都練馬区西大泉5-21-7
TEL/FAX 03-5935-7178
印刷・製本所　モリモト印刷株式会社

検印省略（定価はカバーに表示してあります）
ISBN978-4-910423-08-1
落丁本・乱丁本はお取り替えいたします。